Le Monde *diplomatique*

Vol. 179   Août · 2023

Article de couverture

유럽 미디어에서는 금지된 분석

서구 강대국들이 전쟁을 벌이는 진짜 이유는?

글 · 존 J. 미어샤이머

지배적인 담론에 따르면 서구의 대외정책의 목표는 자유민주주의와 법치주의를 전 세계에 전파하는 것이다. 그런데 현실주의 국제관계학의 대가 존 미어샤이머는 강대국 간의 관계를 좌우하는 것은 이상이 아니라 전략적 동기라고 설명한다.

7면▶

07

15

46

Mondial

Corée du Nord

61

Environnement

Sport

Culture

72

Vue

소외된 땅, 도시 외곽

브누아 브레빌 ▮〈르몽드 디플로마티크〉 프랑스어판 발행인

1990년 10월 6일, 리옹 외곽지역 보앙블랑. 오토바이를 타고 가던 21세 청년 토마 클라디오가 경찰차에 치여 즉사했다. 도시는 4일 간 분노로 들끓었다. 상점들은 약탈을 당하고, 자동차는 불에 탔으며, 학교가 파괴됐고, 소방대원들이 부상을 입었으며 기자들은 폭행당했다. 당시 우파 국회의원이자 뇌이쉬르센 시장이었던 니콜라 사르코지는 "이 사건들의 원인은 청년층의 실업 및 교육 부족이다"라고 주장했다.(1)

2005년 10월 27일, 파리 외곽 센생드니주 클리시수부아. 지예드 베나, 부나 트라오레라는 10대 청소년 2명이 경찰의 검문을 피해 변전소에 숨어들었다가 감전사했다. 센생드니에서 폭동이 발생했고, 소요사태는 순식간에 전국으로 번졌다. 폭동 발생 3주 후, 자크 시라크 대통령은 "특정지역에 악조건과 고충이 과도하게 누적되고 있다"라며, "차별이라는 사회의 독을 퇴치해야 한다"라고 주장했다. 대통령은 또한, "불법이민 및 그와 관련한 밀입국 알선"과 "무책임한 부모들"을 비난했다.

2023년 6월 27일, 낭테르. 17세의 나엘 메르주크가 교통 검문을 피해 달아나다 가슴에 경찰의 총을 맞고 사망했다. 전국에서 폭동이 발생했다. 5일 동안 지속된 폭동의 여파는 강력했다. 2만 3,878개의 도로가 불길에 휩싸였고 5,892대의 차량이 불에 탔으며, 3,486명이 체포됐다. 1,105채의 건물 파괴와 269건의 경찰서 습격이 있었으며, 243개 학교가 파손 등의 피해를 입었다. 우파인 공화당(LR, Les Républicains)의 차기 대선 후보로 거론되는 로랑 보키에는 "이 사건들은 사회 위기와는 무관하며, 국가 및 민족의 해체와 관련이 있다"고 말했다.(2) 이어, "자신의 주장에 맞서는 사람 즉 폭력을 정당화하고 변명의 문화를 부추기며, 선동적이고 프랑스에 위험을 야기하는 이들을 조심해야 한다"라고 주장했다.(3)

반복되는 도시 폭동은 프랑스 정치 지형의 변화를 반영한다. 도시 폭동에 대한 반향을 보면 프랑스 사회에서 안전과 정체성에 대한 압박이 증가했음을 알 수 있다. 과거 폭동의 원인으로 지목되던 사회적 요인은 뒷전으로 밀려났다. 사회 문제에 대한 언급은 금지된 셈이다. 소요사태를 경험한 과거 정부들은 모두 외곽지역에서 발생하는 온갖 불평등 문제를 해결하기 위한 '외곽지역 계획' 시행을 발표했다. 그러나 사람들의 관심이 식으면, 거창했던 계획은 몇몇 일자리와 단체들에 대한 보조금 지원, 건물 보수를 위한 대출 등의 소소한 조치로 축소됐다.

1980년대 이후 비슷한 계획이 10회 이상 발표됐으나, 실행된 것은 하나도 없다. 실업도 차별도, 청년들과 경찰 사이의 긴장감도 그대로다. 그러나 수차례 발표된 계획 때문에 사람들은 국가가 외곽지역들에 대해 이미 많은 조치를 취했다고 생각하게 됐다. 발표로만 끝난 계획들은, 사람들에게 '이제는 이민, 이슬람, 무책임한 부모, 느슨한 처벌, 게임, 소셜네트워크 등에 집중할 때'라는 생각을 심어줬다. 이런 생각은 도시 외곽지역과 시골지역을 대립시키고자 설계된 정치적 담론임에도 말이다. 도시 외곽지역도, 시골지역도 모두 서민들이 사는 소외된 땅이다. ⓛⒹ

글·브누아 브레빌 Benoît Bréville
〈르몽드 디플로마티크〉 프랑스어판 발행인

번역·김자연
번역위원

(1) <Valeurs Actuelles>과의 인터뷰. 다음 기사에 인용됨. 'Vingt ans après les émeutes, hommage à Thomas Claudio 폭동 후 20년, 토마 클로디오에게 애도를', <Lyon Capitale>, 2010년 10월 7일자.
(2) <Le Figaro>, Paris, 2023년 7월 12일자.
(3) 에리크 시오티 공화당(LR) 대표가 장뤼크 멜랑숑을 평가하며 사용한 어휘들.

극우가 학생인권선언을 왜곡하는 법

성일권 ▌〈르몽드 디플로마티크〉 한국어판 발행인

지난 6월, 〈르몽드 디플로마티크〉 파리 본사에 모인 세계 30개 국제판 발행인들은 극단적인 극우의 부상과 이들에 의한 역사의 조작을 심히 우려했다. 프랑스는 물론, 독일, 이탈리아, 스위스, 영국, 칠레, 헝가리, 우루과이, 일본 등 각 국제판 발행인들은 자국에서 벌어지고 있는 기이한 정치 현상을 고발하듯 나열했다.(관련기사 참조)

1990년 미·소 진영 간의 냉전이 끝나고, 프랜시스 후쿠야마가 『역사의 종말』에서 미국 자유민주주의 승리에 힘입어 제국 간, 문명 간, 정치와 경제 모델 간의 충돌이 종식된다고 주장한 대로 달러, 자유무역, 나이키, 맥도날드 등 미국 소비재가 득의양양하게 국제사회를 지배했다. 이념전쟁의 종식으로, 흔히 좌파로 일컬어지던 서구식 사회주의와 사민주의도 점차 세력이 약화되어 역사의 뒤안길로 한걸음 씩 물러났다.

1990년대 후반, 사회주의와 사민주의 정당들이 대거 유럽 국가들에서 집권세력으로 등장했으나, 이는 냉전 이후 10여 년간 경쟁과 효율, 긴축재정과 친기업적 규제 완화 등 우향우로 치달은 우파세력에 대한 유권자들의 반발에 힘입은 것이었다. 대안정책 없이 집권한 좌파세력은 우파 정책을 베끼면서도 '현실주의적 사회주의'(프랑스 조스팽 정부), '쇄신주의적 사회주의'(독일 슈뢰더 정부), '제3의 길'(영국 블레어 정부)라는 화려한 레토릭을 구사했다. 이는 결국, 유권자들의 정치 환멸로 이어졌다.

묘하게도 이 무렵, 대한민국에서도 좌파성향의 김대중 정부가 '시장경제'라는 이름으로 민영화, 규제 완화 등 신자유주의적 경제정책을 취했다. 그 뒤를 이은 노무현 정권은 자신들이 취한 친기업·반노동 정책에 머쓱했는지 '신자유주의적 좌파'라는 모호한 레토릭을 구사했다. 자본주의적 질서에 충실한 우파보다 더 민주적이며, 더 공화주의적이라고 스스로 자부하는 좌파의 변질

<교사의 죽음을 추모하는 발걸음>, 뉴스1

은 최근 우리가 지구적으로 목도했 듯, 유권자들의 정치혐오를 불러일 으킨다. 결국 좌도 우도 아닌 탈이데 올로기적인 극우 포퓰리즘 정치세력 의 대거 등장을 가져왔다.

극우는 본연의 정치 이념과 철 학에 충실하려는 전통적인 보수 우 파와 확연히 다르다. 집권을 위해서 라면 자신들에게 유리한 대로 정치 지형도를 만들고, 유권자들에게 불 가능한 공약을 남발하고, 사실과 역 사를 조작한다. 마치 선동술에 능한 히틀러의 매끄러운 혀, 괴벨스처럼.

〈르디플로〉연례 모임에 참석한 각 국의 국제판 발행인들이 열거한 극 우 정권들의 '사실 및 역사' 조작 사 례는 차고 넘친다. 집권을 위해서라 면 친정부적인 부역 언론과 부역 지 식인들을 병풍처럼 두르고서 말이다.

서울 서초구의 한 초등학교 교 사의 사망 소식으로 사람들이 슬픔 에 젖은 가운데, 집권 세력과 친정부 언론은 좌파 정권이 허용한 학생인 권조례가 교권 추락과 공교육 붕괴 의 원인이라고 앞 다퉈 주장하고 있 다. 급기야 대통령이 수석비서관 회

의에서 "당, 지자체와 협의해 교권을 침해하는 불합리한 자치 조례개정을 추진하라"고 지시했다는 얘기가 나 온다. 친정부 언론은 조희연 서울시 교육감을 재물로 비치듯, 평소 그의 교육철학을 공격하고 있다.

물론, 무분별한 아동학대신고 로부터 교직원을 보호하기 위한 아 동학대처벌법과 초·중등 교육법개 정이 필요하고, 교사의 업무를 조절 해야 한다. 그러나, 일단 좌파의 정 책부터 공격하고 보는 것은 고질적 인 만성적 좌파 책임 전가로 보인다. 문제가 터지면 무조건 좌파 정권 탓 을 운운하며 비난하는 것은 지지세 력을 결집할 수 있을지언정, 상식을 갖춘 일반 국민들에게는 정치혐오만 유발하는 처사다.

부디, 집권세력은 극단적인 극 우의 유혹에서 빠져나오길 바란다. 좌파 운운하며 비난하는 것도 듣기 에 지겹다. 우리 사회에 진정한 좌파 가 있기나 한가? 오래전에 사망 선 고를 받았거나 실종된 마당에…. 🗠

글·성일권
〈르몽드 디플로마티크〉 한국어판 발행인

<과거보다 더 위험한 신냉전>, 2015 - 니키 노주미

유럽 미디어에서는 금지된 분석

서구 강대국들이 전쟁을 벌이는 진짜 이유는?

지배적인 담론에 따르면 서구의 대외정책의 목표는 자유민주주의와 법치주의를 전 세계에 전파하는 것이다. 그런데 현실주의 국제관계학의 대가 존 미어샤이머는 강대국 간의 관계를 좌우하는 것은 이상이 아니라 전략적 동기라고 설명한다.

존 J. 미어샤이머 ▋시카고 대학교 정치학 교수

3 0년 전, 서구의 많은 전문가들은 강대국들의 대립은 끝났다고 확신했다. 그러나 시간이 흐르면서 이 확신은 환상임이 드러났다. 오늘날에도 강대국들은 여전히 대립 중이며 특히 두 분쟁은 전쟁으로 번질 조짐을 보인다. 동유럽에서는 우크라이나를 놓고 미국과 러시아가, 동아시아에서는 대만을 둘러싸고 미국과 중국이 대립하고 있다. 최근 몇 년 동안, 서구의 입지는 약화됐다. 그동안 세계는 어떻게 변화해왔으며, 또 앞으로 어떻게 변할 것인가? 이 질문에 답하려면, 혼란스럽고 불확실한 세계를 설명하는 국제관계 이론, 즉 국가들이 행동하는 이유를 설명할 보편적 틀이 필요하다.

현실주의 vs. 자유주의

국제정치를 이해하는데 가장 적합한 도구는 '현실주의' 이론이다. 이 이론은, '국가들은 다른 국가의 위협으로부터 자신을 보호해줄 최고 권위체가 존재하지 않는 세계에서 공존하고 있다'고 전제한다. 이런 환경에서는, 사소한 약점도 국가를 취약하게 만들기 때문에 국가는 세력균형의 변화를 예의주시해야 한다. 국가들은 힘의 각축장에서 경쟁하지만, 이해관계가 일치할 경우에는 서로 협력하기도 한다. 그러나 일반적으로 국가 간의 관계, 특히 강대국 간의 관계는 근본적으로 경쟁의 원칙을 따른다. 현실주의 이론에서 전쟁은 국가가 전략적 입지를 강화하기 위해 사용하는 통치수단 중 하나다. "전쟁은 다른 수단에 의한 정치의 연속"이라는 클라우제비츠의 유명한 표현도 같은 맥락에 속한다.

현실주의는 서구에서 환영받지 못하는 이론이다. 일반적으로 서구는 전쟁을 정당방위의 경우에만 정당화할 수 있는 최후의 수단으로 간주한다. 이는 유엔(UN) 헌장에도 부합하는 관점이다. 서구가 특히 현실주의 이론을 비난하는 이유는 염세주의적 공리(公理)에 근거하기 때문이다. 현실주의에 따르면 강대국 간의 경쟁은 신성 불가침적 현상이며 필연적으로 비극을 낳을 수밖에 없는 존재 법칙이다. 현실주의는 또한 민주주의와 독재를 불문하고 모든 국가는 동일한 논리를 따른다고 전제한다. 서구에서는 체제의 성격에 따라 국가의 경쟁 성향이 달라진다는 시각이 지배적이다. 자유민주주의는 본질적으로 평화를 유지하려는 성향을 지닌 반면, 독재체제는 전쟁을 도발하는 성향을 지닌다는 시각이다.

따라서 서구가 현실주의의 반대 개념인 자유주의를 선호한다는 사실은 놀랍지 않다. 하지만 미국은 도덕적인 수사학으로 행동을 포장할 뿐 실제로는 거의 항상 현실주의 논리를 따랐다는 사실을 부인하기는 어렵다. 미국은 냉전기간 내내 중국의 장제스, 이란의 모하마드 레자 팔라비, 한국의 이승만, 자이르(현 콩고민주공화국)의 모부투 세세 세코, 니카라과의 아나스타시오 소모사, 칠레의 아우구스토 피노체트와 같은 파렴치한 독재자들을 지원했다.

그러나, 미국의 이런 정책에는 주목할 만한 단절기가

있다. 바로 1991~2017년, '단극체제 시대'다. 이 시기 미국 정부는 민주당과 공화당을 막론하고 지정학적 현실주의 대신 자유민주주의 가치에 기반한 세계질서 확립을 추구했다. 또한 법치, 시장경제, 인권의 자비로운 수호자를 자처했다. 그러나 미국의 '자유주의 패권' 전략은 처참한 실패로 끝났으며, 지금의 혼란스러운 세계를 만드는 데 상당한 역할을 했다. 냉전 막바지였던 1989년에 미국의 통치자들이 현실주의 대외정책을 선택했다면, 우리는 훨씬 더 안전한 세계에서 살고 있을 것이다.

모든 국가는 철창에 갇힌 포로다

현실주의는 여러 방식으로 분화될 수 있다. 미국의 법학자 한스 모겐소가 주장한 '고전적' 현실주의 이론에 따르면 권력에 대한 욕망은 인간의 내재적 본성이다. 모겐소는 지도자를 움직이는 힘은 다른 이들을 지배하려는 타고난 충동, 즉 '권력에 대한 무한한 욕구(animus dominandi)'라고 설명했다. 각자 자신만의 이론이 있겠지만 필자의 이론은 무엇보다 국제체제의 구조 자체가 국가 간 경쟁의 원동력이며 국가, 특히 강대국에 치열한 경쟁의 동기를 부여한다는 것이다. 이런 관점에서 보면, 모든 국가는 철창에 갇힌 포로 신세다.

무엇보다도 강대국은 의지할 보호자가 없이 경쟁국의 위협에 홀로 맞서야 하는 국제체제에 속해 있다. 자기방어의 규칙이 지배하는 세계에서 모든 국가는 스스로를 보호해야 한다. 이런 상황이 갖는 제약은 국제체제의 다른 두 가지 측면 때문에 더 큰 부담으로 작용한다. 모든 강대국은 막강한 군사력을 보유하고 있다. 국가별 차이는 있겠지만, 강대국은 다른 국가를 공격해 상당한 피해를 줄 힘이 있다는 것이다. 또한, 다른 국가의 의도가 평화적인지 확인하는 것은 불가능에 가깝다. 군사력과 달리 국가의 의도는 지도자의 마음속에 감춰져 있기 때문이다. 다른 국가의 행동을 예측하는 것은 더욱 어렵다. 앞으로 어떤 지도자가 그 국가를 이끌지, 상황이 변한다면 그 국가의 의도가 어떻게 변할지, 누구도 예측할 수 없기 때문이다.

모든 국가는 강력하고 적대적인 경쟁국에 홀로 맞서

야 하므로, 서로를 두려워할 수밖에 없다. 경우에 따라 두려움의 강도가 다를 뿐이다. 이처럼 위험한 세계에서 합리적인 국가가 살아남는 최선의 길은 국력을 키우는 것이다. 1839~1949년, 중국이 겪은 '백년국치(百年國恥)'는 강한 국가일수록 다른 국가의 취약성을 이용해 이익을 취하는 성향이 있음을 보여줬다. 국제무대에서는 아기 사슴 밤비보다 괴수 고질라인 편이 낫다. 유럽연합(EU)은 이런 규칙의 예외로 보이지만 이는 겉보기일 뿐이다. EU는 미국의 보호 아래 탄생했다. EU 회원국이 더 이상 서로를 두려워하지 않아도 되는 것은 EU 내 군사적 충돌을 불가능하게 만든 미국의 영향력 덕분이다. 유럽 지도자들이 미국이 아시아에 더 집중하기 위해 유럽에 등을 돌리는 상황을 두려워하는 이유 중 하나다.

강대국 정치의 특징은 냉혹한 안보 경쟁이다. 각 국가는 상대적 영향력을 확보하는 동시에, 힘의 균형이 자국에 불리한 방향으로 기우는 것을 막고자 노력한다. 국가는 '세력 균형'으로 불리는 이 목표를 달성하기 위해 국력을 강화하거나 유사한 위협에 놓인 타국과 동맹을 결성한다. 현실주의적 세계에서 국력은 곧 군사력이다. 그리고 군사력은 경제발전과 인구수에 좌우된다. 강대국이 되려면 역내 강자의 입지를 다져야 한다. 즉, 자국이 속한 지역을 지배하면서 다른 중견국이나 강대국이 이 지배권에 도전하지 못하게 막는 것이다. 미국이 이런 논리의 완벽한 예다. 미국은 18~19세기 서반구의 패권을 다진 후 20세기에 들어 독일 제국, 일본 제국, 나치 독일, 소련이 아시아와 유럽의 유일한 강자로 부상하지 못하게 저지했다.

모든 국가의 최우선 목표는 생존이다. 국가가 살아남지 못하면 그 어떤 다른 목표도 추구할 수 없기 때문이다. 국가가 부의 생산이나 이데올로기의 전파와 같은 다른 목표를 우선 과제로 여기는 경우도 있다. 하지만 이는 다른 목표가 국가의 생존 가능성을 위협하지 않을 때만 가능하다. 마찬가지로 강대국도 공동의 이익을 공유하고 동맹으로 인해 세력의 균형 관계에서 자국의 입지가 약해지지 않는다면 서로 협력할 수 있다. 일례로, 냉전 시기 미국과 소련은 본질적으로 적대적인 관계를 유지했지만 영국과 함께 핵확산방지조약(1963년)을 체결하며 협력하는 모습을 보이기도 했다.

또한, 1차 세계대전 발발 직전 유럽 강대국들은 강력한 경제적 이해관계로 서로 연결돼 있었지만 동시에 치열한 안보 경쟁을 벌였다. 유럽은 결국 경제 협력 대신 전쟁을 선택했다. 강대국 간 동맹의 이면에는 언제나 자국의 안보 보장을 위한 경쟁이 존재한다.

지정학 분야에서 현실주의 학파는 규칙을 기반으로 한 세계질서의 핵심인 국제기구를 무시한다는 비난을 받곤 한다. 그러나 현실주의자들은 상호 의존적인 세계에서 국제기구는 안보 경쟁 억제에 결정적인 역할을 한다는 사실을 인정한다. 냉전시기의 북대서양조약기구(NATO)와 바르샤바조약기구 혹은 오늘날의 세계무역기구(WTO)와 유엔이 대표적인 예다. 다만 현실주의자들은 이런 국제 또는 다자기구는 강대국이 자국의 이해관계를 반영해 수립한 규칙으로 운영된다는 점을 강조한다. 국제기구는 어떤 경우에도 영향력 있는 국가가 자국의 안보에 반하는 행동을 강요할 수 없다. 그럴 경우, 해당 국가는 규칙을 무시하거나 자국에 유리한 방향으로 수정할 것이다.

자유주의의 역설

이런 논리는 서구에서 널리 통용되는 믿음과 모순된다. 자유민주주의 국가는 독재국가와 다르게 행동할 것이라는 믿음이다. 우리는 독재국가는 법에 기초한 세계질서를 위태롭게 한다고 믿는다. 더 일반적으로 말하면, 독재국가는 평화를 가로막는 유일한 장애물이라고 생각한다. 하지만 국제정치의 현실은 이런 믿음에 부합하지 않는다. 모든 국가가 자국의 생존을 추구하는 자기방어의 원칙이 지배하는 세계에서 정치체제의 성격은 중요하지 않다. 대표적인 자유주의 국가 미국은 국제법을 위반하고 1999년 유고슬라비아, 2003년 이라크를 침공했으며 1980년대에는 니카라과의 유혈 내전을 선동하기도 했다. 자국의 중대한 이익이 걸렸다면, 모든 강대국은 거리낄 것이 없다.

일부 전문가들은 '핵무기 혁명'으로 인해 현실주의의 본질이 상당 부분 흐려졌다고 주장한다. 다른 국가의 공격을 억제하는 핵무기를 보유하고 있으면 모든 형태의 파괴로부터 안전하기 때문에 권력 경쟁의 이유 중 하나가 사라졌다는 주장이다. 이 전문가들은 또한 파국으로 치달을 수 있다는 두려움만으로도 핵무기를 보유한 강대국 간의 재래식 전쟁을 막을 수 있다고 설명한다. 그러나 핵무기를 보유한 국가들이 이런 논리에 동조했다는 증거는 어디에도 없다. 냉전 시기 '빅 투(Big Two)' 간 경쟁에 미국과 소련은 엄청난 자금을 퍼부었다. 오늘날의 중국, 러시아, 미국도 마찬가지다. 이들 3국은 재래식 전쟁 준비를 중단한 적이 없다. 핵무기의 영향력이 커지면서 강대국 간 군사적 충돌의 가능성은 확실히 낮아졌지만, 여전히 가시적인 위협으로 남아있다. 따라서 현실주의는 여전히 타당한 이론이다.

현실주의 교리에 따르면 강대국의 전략적 이익이 달린 핵심 (역외) 지역은 경쟁국을 견제할 수 있거나 세계경제에 필수적인 자원을 보유한 지역이다. 냉전 시기 미국의 현실주의자들은 미국이 전쟁을 준비해야 해야 하는 역외 지역으로 소련이 속한 유럽과 동북아시아 그리고 유전이 존재하는 페르시아만을 꼽았다. 베트남 전쟁은 거의 모두가 반대했다. 미국의 전략적 이해관계와 동떨어진 동남아시아에서 벌어진 전쟁이기 때문이다. 중국이 강대국으로 부상하자 이제 동남아시아는 미국에 훨씬 더 중요한 지역이 됐다. 미국 정부는 대만과 남중국해의 현상 유지를 위해 군사력을 동원할 준비가 돼 있다.

자유주의 지정학의 목표는, 특정 지역을 우선시하지 않고 최대한 널리 민주주의와 자본주의를 확산시키는 것이다. 자유주의 대외정책 지지자들은 전쟁을 혐오한다고 말하지만, 자신들의 목표를 위해서라면 전쟁을 불사한다. 무력을 앞세워 중동의 민주화를 주장했던 부시 독트린은 자유주의 대외정책의 완벽한 예다. 현실주의 지지자들이 이라크 전쟁을 신랄하게 비판했던 것은 우연이 아니다. 이라크 전쟁은 서구의 '가치' 보편화에 집착하고 자유주의 패권 신봉자들을 등에 업은 신보수주의자들이 계획하고 추구한 전쟁이기 때문이다.

역설적이게도 자유주의 대외정책의 핵심은 근본적으로 반(反)자유주의적이다. 자유주의는 의견의 다양성을 용인하는 사회를 추구해야 한다고 강조한다. 사회를 구성하는 것은 개인이며 모든 개인이 동의하는 최선의 공동생활 및 통치 방식은 절대 존재할 수 없다는 사실을 인정하기 때문

이다. 따라서 자유주의 사회는 개인과 집단이 각자의 신념과 원칙을 고수하면서 공존할 수 있는 공간을 마련하기 위해 노력한다. 하지만 자유주의자들은 대외정책에서만큼은 모든 국가에 어떤 체제를 적용해야 하는지 알고 있는 것처럼 행동한다.(1) 이들은 전 세계가 서구를 모방해야 한다고 믿으며 자신들이 가진 모든 수단을 동원해 이 믿음을 강요한다. 이런 개념은 실패할 수밖에 없다. 이상적인 정치체제의 정의에 대한 합의가 없으며, 현실적인 논리를 벗어난 개념이기 때문이다. 국가는 국익이 위협받으면 자기를 방어하는 주권 주체다. 하물며 경쟁국이 자국의 정부 체제를 바꾸고자 위협한다면 어떻게 하겠는가?

양극에서 단극, 이제 다극 체제로

1991년 소련이 붕괴하면서 냉전을 지탱하던 양극체제는 미국을 중심으로 한 단극체제로 바뀌었다. 2017년, 중국이 부상하고 러시아가 국력을 회복하면서 단극체제는 다극체제로 또 한 번 바뀌었다. 물론 미국은 새로운 체제에서도 여전히 강대국의 지위를 유지하고 있다. 하지만 막강한 경제력과 나날이 발전하는 군사력을 갖춘 중국이 미국의 뒤를 바짝 쫓고 있다. 러시아는 명백히 세 열강 중 가장 약체다.

이런 다극체제는 미국, 중국, 러시아 모두 각기 다른 현실주의 논리를 따르는 두 개의 새로운 경쟁 구도를 형성했다. 미국과 중국 간 경쟁의 주요 목표는 역내 패권 확보다. 이는 과거 미국과 소련의 적대 관계와 유사하지만 현재 미국과 러시아 사이의 갈등과는 다른 양상이다. 두 경우 중 어디에 해당하더라도 미국과 중국의 경쟁은 전 세계로 확대될 위험이 있다. 미국과 러시아의 현 경쟁 구도의 경우 러시아의 유럽 지배에 대한 두려움이 아니라 미국의 패권주의적 행동으로 설명된다.

19~20세기, 중국은 강대국에 속하지 못했다. 물론 당시에도 중국은 상당한 인구를 자랑했지만, 충분한 군사력을 구축할 자원이 없었다. 1990년대 초, 중국이 눈부신 경제성장을 이룩하며 세계 2위 경제대국으로 부상하고 첨단 기술 개발력을 갖추자 상황은 변하기 시작했다. 예상대로 중국 정부는 경제력을 활용해 군사력 증강에 나섰다. 중국

은 아시아에 대한 지배력을 강화하는 동시에 점진적으로 동아시아에서 미군을 몰아내 아시아 전역의 패권을 장악한다는 야심찬 목표를 세웠다. 또한, 중국이 구축 중인 대양 해군은 전 세계로 세력을 확장하려는 중국의 포부를 보여준다.

한마디로 중국 정부는 혼란스러운 세계에서 안보를 극대화하는 최선책을 추구하고 있다. 바로 미국의 선례를 따르는 것이다. 중국 지도자들이 아시아 지배를 꿈꾸는 또 다른 이유가 있다. 대만 수복, 남중국해 장악 등 민족주의적 영토 목표를 달성하기 위해서는 아시아의 패권을 차지해야 하기 때문이다.

20세기 동안 수차례 입증했듯이 미국은 아시아의 패권을 뺏기지 않기 위해 오랫동안 힘써왔다. 이제 미국은 중국의 야심을 저지하기 위해 군사적, 경제적 '견제(containment)' 정책을 수립 중이다. 우선 군사적 견제책으로 미국은 과거 소련을 견제하기 위해 만들었던 동맹을 부활시켜 대(對)중국 동맹을 결성하는 계획을 추진 중이다. 이를 위해 미국은 호주, 영국, 미국의 3자 안보협의체(AUKUS) 및 미국, 호주, 일본, 인도의 4자 안보대화(QUAD)와 같은 다자 협력체계를 구축 혹은 부활시켰으며 일본, 필리핀, 한국을 비롯한 오랜 우방과의 양자 동맹 강화에 나섰다.

미국 정부는 중국을 경제적으로도 견제하기 위해 핵심 전략 기술을 통제하고 중국의 첨단 기술 발전을 억제하고 있다. 그러나 이미 러시아와의 무역 단절로 타격을 입은 많은 유럽 국가가 중국 시장으로 눈을 돌린 지금, 중국과의 대결은 유럽과의 관계를 위협할 수 있다. 모든 상황은 머지않아 중국과 미국의 치열한 경쟁이 더욱 격화될 가능성을 시사한다. 양국의 경쟁은 '안보 딜레마'로 더욱 강화될 것이다. 안보 딜레마는 한 국가가 방어 목적의 조치를 취할 때 상대 국가는 이를 공격 의도의 증거로 해석하는 상황을 뜻한다. 미국과 중국의 경쟁이 위험한 이유는 두 가지다.

첫째, 양국의 경쟁은 대만과 관련이 있다. 거의 모든 중국인은 대만을 중국의 신성한 영토로 여기지만 미국은 대만이 미국의 보호 아래 독립국으로 남길 바란다. 둘째, 양국이 전쟁에 돌입한다면 전투는 중국 연안의 섬들에서 벌어질 것이다. 그렇다면 주로 공중전, 해상전, 미사일전이 될 가능

성이 크다. 이런 시나리오가 전쟁 격화로 이어지는 것은 말할 필요가 없다. 전투가 아시아 대륙으로까지 확장된다면 희생은 훨씬 커질 것이다. 이 때문에 미국과 중국은 냉전시기 NATO와 바르샤바조약기구가 유럽에서 대처한 방식으로 전쟁의 과열을 막기 위해 훨씬 더 신중할 것이다. 따라서 지상전으로의 확대 가능성은 희박해 보이나, 만약을 대비해 양측 모두 엄청난 외교적 노력을 기울이고 있다.

미국은 현실주의 원칙을 무시함으로써 이 위험한 대결 구도를 탄생시킨 책임이 크다. 1990년대 초, 미국과 경쟁할 수 있는 국가는 없었다. 당시만 해도 중국은 여전히 경제적으로 낙후된 국가였다. 미국은 자유주의 기조에 따라 중국에 손을 내밀었고 중국이 경제 성장을 촉진하고 국제무대에 합류할 수 있도록 도왔다. 미국 지도자들은 중국이 경제적으로 발전하면 미국이 지배하는 새로운 세계질서 속에서 '책임 있는 주체'가 될 것이며 자연스럽게 자유민주주의 국가로 변할 것으로 믿었다. 경제 성장을 이룩하고 민주주의를 받아들인 중국은 미국에 아무런 위협이 되지 않을 것이라는 계산이었다. 이후 드러난 것처럼 이는 미국의 전적인 오산이었다. 미국 지도자들이 현실주의 논리를 따랐다면 중국의 성장을 돕지 않았을 것이며 양국 간 힘의 격차를 좁히는 대신 오히려 확대하거나 유지하려 애썼을 것이다.

러시아의 유럽, 중국의 아시아

우크라이나 전쟁을 바라보는 서구의 지배적인 시각은, 러시아가 유럽을 대하는 태도는 중국이 아시아를 대하는 태도와 같다는 것이다. 블라디미르 푸틴 러시아 대통령은 제국주의적 야망에 사로잡혀 과거 소련의 영광을 재현하길 꿈꾸며 바르샤바조약기구 시절처럼 주변 국가들을 러시아의 군사적 영향력 안에 두려 한다는 것이다. 즉, 푸틴은 유럽 전체의 안보를 위협한다는 분석이다. 이런 분석에 따르면 우크라이나는 굶주린 러시아의 전채 요리에 지나지 않는다. 러시아는 곧 주변국으로 눈을 돌릴 것이다. 이 경우 우크라이나 전쟁에서 NATO의 역할은 냉전 시기 소련의 유럽 지배를 막았듯 푸틴 정권 견제에 한정될 것이다. 이는 흔히 언급되지만 현실과 동떨어진 시나리오다. 푸틴이 우크라

이나 전역을 장악하거나 다른 동유럽 국가를 정복할 의도가 있다는 증거는 없다.

만일 푸틴이 그런 의도를 가졌더라도, 러시아는 그 의도를 실현하거나 나아가 유럽 대륙에 러시아의 패권을 강요할 군사력이 없다. 러시아의 우크라이나 침공은 부인할 수 없는 사실이다. 하지만 우크라이나를 러시아 접경 지역의 방패로 삼겠다는 미국과 유럽 동맹국의 결정이 러시아의 공격을 도발했다는 사실 역시 부인할 수 없다. 미국과 유럽 동맹국은 우크라이나를 자유민주의 국가로 탈바꿈시켜 NATO와 EU에 통합시키려 했다. 러시아 지도자들은 이런 정책을 러시아에 대한 위협으로 간주하며 용인하지 않겠다고 수차례 경고했다. 이런 경고에 담긴 러시아의 굳은 결의는 의심할 여지가 없이 명확했다.

2008년 4월, NATO가 우크라이나를 받아들이겠다고 발표했을 때, 주러시아 미국 대사는 콘돌리자 라이스 국무장관에게 다음과 같은 외교 전문을 보냈다. "우크라이나의 NATO 가입은 (푸틴뿐만 아니라) 러시아 엘리트들에게 가장 명백한 레드라인이다. 2년 반 이상 러시아의 결정권자들을 만나 대화를 나눴는데, 그들 중 우크라이나의 NATO 가입을 러시아의 이익에 대한 의도적 침해로 보지 않는 사람은 없었다." 앙겔라 메르켈 독일 총리도 당시 같은 이유로 우크라이나의 NATO 가입을 반대했다. "나는 푸틴이 그것을 방관하지 않을 것이라고 (…) 전적으로 확신했다. 푸틴의 관점에서 그것은 선전포고였다."(2)

우크라이나의 NATO 가입 추진 발표 6년 후인 2014년 2월, 분쟁은 이미 시작됐다. 푸틴은 먼저 우크라이나의 NATO 가입을 지지하는 미국이 마음을 돌리도록 설득하며 외교적인 분쟁 해결을 시도했다. 그런데 미국 정부는 우크라이나 군대를 무장 및 훈련시키고 NATO 군사훈련에 참여시키는 등 오히려 우크라이나의 NATO 가입에 박차를 가했다. 우크라이나의 NATO 가입이 기정사실화되자 러시아 정부는 2021년 12월 17일 NATO와 조 바이든 미국 대통령에게 서한을

<잃어버린 꿈의 이면>, 2022 - 니키 노주미

보내 우크라이나가 NATO 가입을 포기하고 엄격한 중립을 준수할 것을 보장하고 이를 문서화 할 것을 요구했다. 이에 대해 토니 블링컨 미 국무장관은 2022년 1월 26일, "상황은 변함이 없으며 앞으로도 변하지 않을 것"이라고 답했다. 이로부터 한 달 후, 러시아는 우크라이나를 침공했다.

신냉전, 과거 냉전보다 훨씬 더 위험해

현실주의적 관점에서 보면, NATO 확장에 대한 러시아 정부의 반응은 선제 조치를 통해 외부의 위협에 대처하는 정책의 대표적 사례다. 푸틴의 목표는 러시아와 국경이 맞닿은 우크라이나가 세계 최강이자 소련의 숙적이었던 미국이 이끄는 군사동맹에 합류하는 것을 막는 것이다. 이 점에서 러시아의 입장은 19세기 미국이 수립한 먼로 독트린을 연상시킨다. 먼로 독트린은 그 어떤 강대국도 지구 반대편에 자국 군대를 주둔시켜서는 안 된다고 명시했다.

러시아의 사활이 걸린 우크라이나의 NATO 가입을 외교적 노력으로 풀지 못하자 결국 푸틴은 전쟁을 선택했다. 러시아의 시각에서 보면 우크라이나 전쟁은 정복 전쟁이 아니라 자기방어 전쟁이다. 물론 우크라이나와 주변국들의 시각은 다를 것이다. 하지만 중요한 점은 전쟁을 정당화하거나 비난하는 것이 아니라 전쟁 발발을 부추긴 상황을 이해하는 것이다. 푸틴이 앞으로도 정복 전쟁을 이어갈 것이라는 신화를 믿는다면 NATO 확장은 확고한 현실주의적 논리에 기반을 둔 계획이며 미국과 동맹국의 목표는 러시아를 억제하는 것뿐이라고 항변할 것이다.

하지만 이런 주장 역시 거짓이다. NATO 확장은 1990년대 중반, 즉 러시아 군대가 극도로 약화된 상태에서 미국이 러시아에 NATO 확장을 용인하도록 강요할 수 있었던 시기에 내려진 결정이다. 국제체제에서 힘이 약한 국가가 겪는 상황을 여실히 보여주는 예다. 2008년, 러시아는 여전히 유럽에 위협이 되지 않았지만 NATO는 우크라이나를 회원국으로 받아들이기 위한 절차에 착수했다. 오늘날 미국의 목표는 러시아를 견제하는 것이 아니다. 오히려 유럽에서 아시아로 방향을 전환하고, 중국에 대항하는 '세력 재균형' 동맹에 러시아를 동참시키는 것이다. 동유럽에서 전쟁에 휘말리는 것을 피하고 중국과 러시아의 관계 개선 속도를 늦추는 것이 미국의 이익에 부합하기 때문이다.

신중하지 못했던 중국과의 관계 개선 정책과 마찬가지로 NATO 확장은 동유럽과 서유럽을 통합해 유럽 전역에 평화를 정착시키겠다는 자유주의 패권 구상의 일부였다. 조지 케넌과 같은 현실주의자들은 NATO 확장에 반대했다. 러시아를 위협해 재앙을 초래할 위험이 있다고 판단했기 때문이다. 만약 현실주의 논리가 우세했고 NATO가 우크라이나의 합류를 추진하지 않았다면 오늘날 유럽은 훨씬 더 평화로웠을 것이다. 하지만 이미 주사위는 던져졌다. 단극체제는 다극체제로 바뀌었다. 미국과 동맹국은 이제 중국, 러시아와 치열한 지정학적 경쟁을 벌이고 있다.

이 신 '냉전'은 과거의 냉전만큼, 혹은 그보다 훨씬 위험할 것이다. **Ld**

글·존 J. 미어샤이머 John J. Mearsheimer
시카고 대학교 정치학 교수. 이번 달 말 출간 예정인 『How States Think. The rationality of Foreign Policy 국가의 사고방식. 대외정책의 합리성』 (Yale University Press, New Haven) 공저.

번역·김은희
번역위원

(1) Christopher Mott, 'Les noces de l'impérialisme et de la vertu 제국주의와 미덕의 결혼', <르몽드 디플로마티크> 프랑스어판. 2023년 1월호.
(2) 다음 기사에서 인용된 앙겔라 메르켈 총리의 발언. Hans von der Burchard, '"I don't blame myself" : Merkel defends legacy on Russia and Ukraine', Politico, 2022년 6월 7일, www.politico.eu

공화당을 분열시키는 논쟁 주제

미 대선의 쟁점으로 떠오른 우크라이나

도널드 트럼프는 여전히 공화당의 대선 유력 후보다. 수차례 기소를 당했음에도 말이다. 내년 미국 대통령 선거를 앞두고, 공화당 후보들은 우크라이나 전쟁이라는 대외정책 이슈를 놓고 열띤 논쟁을 벌이고 있다. 일각에서는 우크라이나 전쟁에 더 적극적으로 개입하지 않는 조 바이든 대통령을 비난한다. 다른 일각에서는 미국의 우선 수위는 다른 곳에 있다고 주장한다.

세르주 알리미 ▮〈르몽드 디플로마티크〉 프랑스어판 편집고문

거의 반세기 동안, 지정학적 이슈는 미국 대통령 선거에 전혀 영향을 미치지 않았다. 조지 H.W. 부시 대통령은 제1차 걸프전(1991년 1~3월)에서 승리했지만, 이듬해 대선에서는 패배했다. 국제 문제를 다뤄본 경험이 없는 무명의 민주당 후보, 빌 클린턴 아칸소주 주지사에게 진 것이다. 그러나 작금의 우크라이나 전쟁은 대선에서 중요한 위치를 차지한다. 미군이 직접 개입하지 않은 전쟁임에도 공화당 후보 간 토론에서 상당히 비중 있게 다뤄지고 있다. 민주당의 경우 조 바이든 현 대통령을 차기 대선 후보로 확정하고, 거의 만장일치로 볼로디미르 젤렌스키 우크라이나 대통령을 전폭적으로 지지하고 있다.

이번 대선에서는 위싱턴의 소수 엘리트(의원, 엘리트 간행물의 논설위원, 싱크탱크의 전문가)는 물론 일반 국민도 해외 이슈, 특히 우크라이나의 상황에 관심을 보인다. 우크라이나가 이번 미국 대선에 쏟는 관심은 훨씬 더 크다. 우크라이나 지도자들은 이번 미국 대선이 우크라이나의 운명을 바꿀 수 있다고 믿기 때문이다. 또한 우크라이나는 공화당 후보가 누구일지에도 촉각을 세우고 있다. 공화당 내부에서도 우크라이나에 대한 후보들의 입장이 완전히 다르기 때문이다. 도널드 트럼프 대통령 정부에서 순종적인 부통령 역할을 수행했던 마이크 펜스 후보조차 이번 공화당 대선 후보 경선에서는 트럼프와 뜻을 달리할 정도다.

당신은 미국을 신경 쓰기나 하는가?

7월 14일 열린 한 보수주의 포럼에서 사회를 맡은 터커 칼슨 앵커는 트럼프와 펜스의 입장 차이를 노골적으로 강조했다. 공화당 지지자들 사이에서 엄청난 인기와 영향력을 지닌 칼슨은 트럼프를 경멸하면서도 지지하는 언론인이다. 그는 특히 우크라이나 전쟁에 대해 매우 강경한 입장을 표명했다. 칼슨은 젤렌스키를 "독재자"라며 혐오한다. 칼슨은 또한 우크라이나전 발발은 미국의 책임이 크며 이제 우크라이나에 대한 미국의 재정지원을 중단할 때라고 재차 주장한다. 칼슨과 정반대 견해를 가진 펜스 후보도 이 포럼에 참석했다. 얼마 전 우크라이나를 방문해 젤렌스키 대통령을 만나고 온 펜스 후보가 우크라이나 무기 지원 지연에 대해 바이든 대통령을 비판했다.

그러자, 칼슨은 격렬히 반박했다. "당신은 지금 우크라이나가 미국 탱크를 충분히 지원받지 못해 불만인가? 지난 3년간 미국의 상황은 악화됐다. 차를 타고 한 바퀴 둘러보면 바로 알 수 있다. 미국의 경제는 쇠퇴하고, 자살률은 치솟았다. 비위생적이고 무질서한 환경에, 범죄는 기하급수적으로 증가하고 있다. 이런 상황에 당신은 미국 국민들 중 대다수가 어디에 있는지도 모르는 나라에 탱크가 부족하다고 걱정하다니! 당신은 미국을 신경 쓰기나 하는가?"

청중은 칼슨에게 기립 박수를 보냈다.

펜스와 다른 공화당 후보들이 주창하는 제국주의적 신보수주의는 로널드 레이건과 부시 부자 집권시절 오랫동안 공화당을 지배했으나, 이제 상황은 달라졌다. 공화당이 변화한 이유로 흔히 트럼프가 꼽힌다. 트럼프는 해외에서 벌이는 전쟁과 산업의 해외 이전이 미국의 사회·경제적 '대학살'을 야기했다고 주장한다. 물론 트럼프가 2016년 이런 믿음을 대중화해 민주당의 힐러리 클린턴을 누르고 대선에서 이긴 것은 사실이다. 하지만 공화당 진영에서 제국주의보다 민족주의를 더 강조한 것은 트럼프가 처음이 아니다.

"미국은 세계의 경찰 역할을 그만둬라"

소련이 완전히 붕괴하기 전이었던 1991년 9월, 리처드 닉슨과 레이건 대통령의 수석 고문을 역임한 패트릭 뷰캐넌은 "공산주의의 위협이 사라졌으니, 미국은 세계의 경찰 역할을 그만두고 '미국 우선주의' 정책을 채택해야 한다"라고 주장했다. 30여 년 전, 〈워싱턴 포스트〉에 실린(지금은 상상할 수 없는 일이다) 뷰캐넌의 칼럼 내용은, 앞서 언급한 칼

슨의 발언과 일치한다. 뷰캐넌의 칼럼은 현재 공화당 내 '세계주의'와 '고립주의'의 첨예한 대립을 이론화했다.

"레이건 연합을 단결시킨 반공주의는 더 이상 공화당을 단결시키는 마법을 발휘할 수 없다. (...) 따라서 미국은 이제 다른 지역의 내부 분쟁에 관여하기 전에 진짜 중요한 질문부터 던져야 한다. 이것이 미국의 문제인가? 2차 세계대전이 끝난 지 46년이 지난 지금, 왜 미국은 미국의 시장을 빼앗은 독일과 일본을 보호해야 하는가? 센트럴파크에서 산책하던 여성들이 불량배들에게 살해당하는 와중에 왜 미국은 페르시아만의 평화를 위해 싸워야 하는가? 미국 도시에 만연한 무자비한 폭력, 인종 갈등 등을 해결하려면 미국사회에 관심을 집중해야 한다. '미국 우선주의(America First)'는 미국의 핵심 국익이 위협받는 경우에만 해외에 나가 싸워야 한다는 발상이다. (...) 미국의 전쟁, 냉전은 끝났다. 미국은 이제 국내로 복귀할 때다."(1)

뷰캐넌은 미국이 냉전시절에 체결한 모든 군사지원 협정을 파기하고, 미국의 '뒷마당' 라틴아메리카의 수호자 역할을 자처한 '먼로 독트린'을 훨씬 더 제한적인 방식으로 재

<복원>, 2013 - 파코 포멧

해석해야 한다고 주장했다. 그는 심지어 "북대서양조약기구(NATO) 가입을 희망하는 미국의 새로운 우방 폴란드, 헝가리, 체코슬로바키아의 반대에 직면하더라도 미국의 핵우산을 동쪽으로 더 확장해서는 안 된다"고 역설했다. 그러면서 "1956년 (부다페스트에서 반소련 봉기가 일어났을 때) 아이젠하워 대통령은 헝가리에서 싸우지 않았다. 지금 우리도 동유럽에서 싸우지 않을 것이다"라고 못 박았다.(2) 1992년 공화당 예비 경선에서 '냉전의 승자' 조지 H.W. 부시 대통령을 상대로 23%의 득표율을 기록한 뷰캐넌은 부시 대통령의 재선 실패에 큰 영향을 미쳤다.

2001년 9.11 테러 발발 이후 고립주의 논리가 밀려나고 '테러와의 전쟁'을 옹호한 신보수주의 논리에 힘이 실렸다. 하지만 아프가니스탄과 이라크에서의 실패, 산업의 해외 이전, 민주당과 공화당을 불문하고 자유무역주의 및 제국주의 엘리트들의 혜안에 대한 신뢰가 사라지면서, 고립주의가 부활했다.(3) 2008년 민주당 예비 경선에서 버락 오바마는 이 점을 이용해 오만함과 세계화의 상징인 힐러리 클린턴을 물리쳤다. 이때 교훈을 얻지 못한 힐러리 클린턴은, 8년 후에도 트럼프에게 졌다. 트럼프는 대선 승리 직후 "2016년 미국 국민은 부패한 세계주의를 거부했다. 나는 미국의 대통령이지 세계의 대통령이 아니다"라고 선언했다.

그러나 트럼프가 대통령에 당선됐다고 해서 트럼프의 논리가 승리한 것은 아니었다. 이는 공화당 내부에서도 마찬가지였다. 당내 경선에서 트럼프에 패배한 신보수주의의 공화당 후보들은 여전히 존재감과 영향력을 유지했다. 레이건 시절의 제국주의에 향수를 느끼는 대부분의 미디어가 이들을 지지했다. 〈폭스뉴스〉와 〈월스트리트저널〉이 대표적인 예다. 대부분의 공화당 의원, 워싱턴의 싱크탱크, 공화당의 거액 기부자들도 마찬가지였다. 트럼프는 충동적이고, 과대 망상적이며, 자신의 발언에 도취해 어떤 문제도 분석할 능력이 없는 대통령이었다. 그런데다 자신의 행정부를 매파(hawks)로 채워 문제를 가중시켰다. 매파는 트럼프의 대외정책을 방해하면서도 그 앞에서는 뻔뻔스럽게 아첨을 늘어놓았다.

트럼프 행정부의 부통령, 국무장관, 국방장관, 안보 보좌관, 유엔 주재 미국 대표부 대사는 대개 강경한 신보수주의자들이었다. 그들 중 한 명인 존 볼턴은 통제가 어려운 미치광이였다. 트럼프는 외국 원수와의 협상에서 양보를 이끌어내야 할 때마다 겁을 주기 위해 이 "미치광이"를 동행했다고 우스갯소리를 했다.

"오바마는 베개를, 나는 무기를 제공했다"

그 결과, 트럼프는 (미군이 바그너 그룹 소속 민병대원 수십 명을 살해한) 시리아에 여러 차례 폭격을 명령했고, (트럼프와 대립하려던 공화당 의원들을 포함해 미 의회가 압도적인 지지로 통과시킨) 러시아에 대한 추가 제재를 승인했으며, 우크라이나에 재블린(Javelin) 대전차 미사일을 지원했다. 트럼프는 "러시아에 이보다 더 강경했던 미국 대통령은 없었다. 오바마는 우크라이나에 베개를 제공했지만 나는 무기를 제공했다"(4)라고 자찬했다. 2017년 12월, 트럼프 행정부가 미국의 새로운 전략 방침을 발표했을 때 〈뉴욕타임스〉도 "이 보고서에 담긴 많은 요소는 이전 행정부들에서 채택해야 했던 것들이다"라고 만족감을 나타냈다.

만일 트럼프가 재선되더라도, 이런 분위기가 지속되리라는 보장은 없다. 2016년 대선 당시 우크라이나는 미 대선 캠페인의 주요 이슈가 아니었다. 하지만 오늘날, 우크라이나는 과도하게 무장한 두 강대국 간 갈등 고조의 원인이며 미국은 이미 약 800억 달러를 쏟아 부었다. 따라서 우크라이나 전쟁은 이제 미국의 대외정책 영역을 훨씬 뛰어넘는 문제다. 대부분의 공화당원들처럼, 트럼프는 자신에게 러시아와 공모했다는 혐의를 씌운 이들에게 앙심을 품고 있다. 트럼프는 중앙정보국(CIA), 연방수사국(FBI), 주류 미디어, 민주당이 힘을 합쳐 대통령 임기 내내 자신을 방해했다고 생각한다. 그들이 우크라이나를 신성한 대의명분으로 삼아 자신을 공격했다고 믿기 때문이다.

트럼프는 2019년 자신의 첫 탄핵 재판이 어디에서 시작됐는지도 기억할 것이다. 대선기간 기밀로 유지돼야 했던 젤렌스키 대통령과의 통화 내용 때문에 촉발됐던 것이다. 해당 통화 내용은 트럼프가 미국의 지원을 대가로 민주당의 바이든을 난처하게 할 폭로를 요구하는 듯했다. 그러나 '트럼프 지지자'들은 백악관 국가안전보장회의(NSC) 소속 알렉산더 빈드먼 중령이 민주당에 유리하도록 이 전화 내용을 일부러 유출했다고 확신한다. 우크라이나계 미국인 빈드먼 중령은 당시 미국 대통령과 타국 정상들의 통화 모니터링 업무를 맡고 있었다. 대부분의 공화당원이 이제 우크라이나보다 미국의 메인주를 우선시하려는 또 하나의 이유다.

이 문제에 관해서는 공화당 경선에서 트럼프의 주요 경쟁자로 꼽히는 론 디샌티스 후보의 입장도 크게 다르지 않다. 디샌티스 후보는 우크라이나 전쟁을 러시아와 우크라이나의 "영토 다툼"으로 간주하며, 중국 견제 혹은 이민 행렬에 대한 미국 국경 방어와 같은 "미국의 핵심 이익"과 관련이 없는 문제로 보고 있다. 공화당 경선에서 레이건과 부시 시절 제국주의 정책에 향수를 느끼는 일부 후보들은 여론조사에서 매우 낮은 지지율을 보인다. 이들이 우크라이나를 지지하는 이유는 우크라이나 국민을 염려해서가 아니다. 니키 헤일리 후보는 "우크라이나의 승리는 중국의 패배를 뜻한다"라고 주장한다. 팀 스콧 상원의원은 "미국이 러시아 군대를 약화시켜야, 러시아가 미국의 영토를 공격할 수 없을 것"이라고 주장한다.

"전쟁(개입)을 멈춰라, 미국 청년들을 위해"

트럼프는 백악관을 떠나며 "나는 수십 년 만에 전쟁을 일으키지 않은 최초의 미국 대통령이었다는 사실에 큰 자부심을 느낀다"라고 밝혔다. 트럼프는 비록 시리아 공습을 허가하고 이라크에서 이란의 카셈 솔레이마니 장군 암살을 지시하긴 했지만 실제로 '임기' 동안 오바마처럼 리비아에 개입하거나 이라크, 아프가니스탄, 코소보에서 전쟁을 벌인 적은 없다. 그를 끈질기게 따라다니는 편견과 달리, 극우파를 포함해 트럼프의 대중적인 지지층은 오히려 트럼프에 고마워한다. 제국주의의 미덕을 설파하는 것은 고등 교육을 받은 부르주아 계층이지만 실제로 전장에 나가 싸우는 것은 프롤레타리아 계층이기 때문이다.(5)

지난 20년, 1,600만 명의 미국 참전 용사들은 자신과 동지들의 희생이 얼마나 허무한지 이라크의 팔루자와 아프가니스탄의 칸다하르에서 깨달았다. 2020년 8월 열린 공화당 전당대회에서 도널드 트럼프 주니어는 아버지와 마찬가지로 미국의 우크라이나 전쟁 개입에 전적으로 반대하며 "민주당이 열악한 상황에 처한 소수와 지역사회를 진정으로 돕고 싶다면 끝없는 전쟁을 멈추고 더 이상 다른 나라의 문제를 해결하는데 미국의 청년들을 희생시키지 말아야 한다"라고 역설했다.

군수 기업의 기부금으로 배를 채운 의원들이 (올해 기준 8,770억 달러에 달하는) 막대한 군사 예산을 거의 만장일치로 통과시키는 미 의회에서도 공화당 소속 린지 그레이엄 사우스캐롤라이나주 상원의원은 가장 전쟁을 지지하는 인물이다. 작년부터 세 번에 걸쳐 키이우를 방문한 그레이엄 의원은 우크라이나에 대한 미국의 지원을 더 늘리고 싶을 것이다.

하지만 그는 순전히 선거 기회주의에 따라 공화당 경선에서 트럼프를 지지하고 있다. 지난 7월 2일, 그레이엄 의원은 이처럼 모호한 태도의 대가를 치렀다. 자신이 대표하는 사우스캐롤라이나주에서 열린 한 대규모 트럼프 지지 집회에서 그의 연설은 공화당원들의 야유를 받았다. 공화당 내부에서 우크라이나 추가 지원 반대파의 비중이 우크라이나 전쟁 초기에는 극소수에 불과했지만(2022년 3월 기준 9%) 이제는 과반수에 이르렀다는 사실이 또 다른 증거다.

반면, 신보수주의가 확고한 기반을 다진 민주당 진영에서는 트럼프의 고립주의적 발언으로 우크라이나의 대의를 지지하는 세력이 힘을 얻고 있다. 우크라이나 전쟁이 내년까지 이어진다면, 미국 대선의 핵심 이슈로 떠오를 것이다. 그리고 대외정책에 대한 토론은 경계가 매우 모호한, 때로는 각 진영의 입장이 뒤바뀐 양상을 보일 것이다. ㏒

글·세르주 알리미 Serge Halimi
<르몽드 디플로마티크> 프랑스어판 편집고문

번역·김은희
번역위원

(1),(2) Patrick Buchanan, 'Now that Red is dead, come home America', <The Washington Post>, 1991년 9월 8일.

(3) Benoît Bréville, 'Les États-Unis sont fatigués du monde (한국어판 제목: 미국의 비(非)개입주의는 어디까지?)', <르몽드 디플로마티크> 프랑스어판·한국어판, 2016년 5월호.

(4) <Fox News>, 2018년 10월 16일.

(5) Christopher Mott, 'Les noces de la guerre et de la vertu 제국주의와 미덕의 결혼', <르몽드 디플로마티크> 프랑스어판, 2023년 1월호.

<과녁을 겨누어 쏘다>, 1985 - 앙드레 푸게르

아무 일 없어요. 가던 길 가세요!

역사학자이자 사회활동가인 도미니크 마노티는 만년에 문학의 길로 들어섰다. 급진적인 사회변혁에 대한 희망이 서서히 사라지면서 절망감을 주체할 수 없었기 때문이었다. 그는 주로 페이크 다큐멘터리 형식의 텍스트를 통해 엘리트층의 배신과 민중의 분노를 이야기해오고 있다. 대표적인 예가 50년 전 마르세유를 휩쓴 분노다.

도미니크 마노티 ▮작가

1 973년 8월 26일 일간지 〈마르세유〉의 1면 기사: 버스 살인사건

버스에 탑승한 알제리 이민자 한 명이 정신이상 증세를 보이며 운전석에 앉아 있던 기사 1명과 동승한 승객 4명을 흉기로 살해했다.

1973년 8월 27일 노조 담화문

8월 28일 화요일 게를라슈의 장례식을 진행할 예정이다. 부디 많은 시민들이 참석해 애도해주기를 바란다. 살인범이 이민자라는 이유로 인종차별주의가 심화되는 사태는 없어야 할 것이다.

1973년 8월 28일 저녁 10시, 마르세유

마르세유 도심 한복판, '신규 고객층'의 발걸음을 사로잡은 아메리칸 주점들이 줄줄이 들어선 오페라 거리는 오늘따라 한산하기 그지없었다. 행인도 거의 없었고, 점포들은 불이 꺼진 채 굳게 닫혀 있었다. 전날 근무 중에 사망한 마르세유 출신의 기사, 게를라슈를 애도하는 나름의 방식이었다. 오늘 5만 명이 넘는 시민이 게를라슈를 배웅하기 위해 찾아왔다. 여기저기에서 증오에 찬 목소리가 터져 나왔다. "살해범은 알제리인이야. 결코 우연이 아니지. 알제리인 범죄자는 이제 신물이 난다고. 살인자들은 죄다 바다에 뛰어들어라! 너희 나라로 돌아가라…"

어느새 도시는 고요해졌다. 마치 꼼짝 않고 숨을 죽인 채 다가올 비극을 기다리고 있는 듯했다.

단 이 구역에서 유일한 예외가 있었다. 포르투갈계 이민자 페레이라가 술과 음식을 파는 곳, '푸드르'였다. 페레이라는 과거 비밀군사조직 OAS(알제리 독립에 반대해 곳곳에서 테러를 자행한 프랑스 극우 무장조직-역주)(1)에 장기간 협력한 인물이다. '푸드르' 주점은 거리로 불빛이 새어 나오지 않게 통창마다 대형 커튼을 드리웠다. 하지만 식당 안에서는 50명이 넘는 사람들이 다닥다닥 붙어 땀범벅인 채로 큰 소리를 냈다. 서로 밀치고 이름을 부르고 웃고, 다짐하거나 노래를 부르거나 박수를 쳐댔다. 잠시 언성이 잦아질 때면, 손님들은 페레이라의 어머니가 내놓은 전채 요리를 맛봤다. 접시에는 커민을 넣은 잠두콩과 당근, 홍합탕, 올리브 피클 등 크리스탈 아니스 술을 듬뿍 넣어 향미를 더한 음식들이 가득 담겨 있었다. 모두 '푸드르'의 단골고객들, '알제리에서 퇴각한 프랑스인'의 향수를 달래주는 음식들이었다.

수사반장 피콩이 식당 앞 등받이 없는 의자를 차지하고 앉았다. 피콩도 평소 이 식당을 자주 찾는 단골손님이었다. 그는 이 식당의 모든 것이 마음에 들었다. 원목테이블과 의자, 구릿빛 카운터, 연노란색 벽, 주인 페레이라가 열렬히 추앙하는 포르투갈 독재자 살라자르의 얼굴을 큼직하게 인쇄한 흑백사진 세 장까지. 푸드르 특유의 분위기 덕택에, 이곳에만 오면 그는 고향에 온 듯 마음이 푸근해졌다. 어디를 둘러보나 전부 익숙한 얼굴들이었다.

대부분이 그처럼 난파한 프랑스령 알제리에서 귀환한 생존자들이었다. 그들 중에는 경찰도 있었다. 그는 가족과 함께 하는듯한 기분이 참 좋았다. 피콩은 옆에 있던 풋내기 경찰 뤽 로시와 잠시 세상 돌아가는 이야기를 나눴다. 15구 경찰서에 함께 배치된 사이다. 홀 안에서 갑자기 괴성과 큰 웃음소리가 나왔다.

"게를라슈를 위해…"

피콩이 잔을 들어 그에게 화답했다.

"게를라슈를 위해. 반드시 복수해 주게나."

그러자 좌중이 다 함께 복창했다.

"게를라슈를 위해."

"마르세유 시민 방위위원회 출범에 더할 나위 없는 적기일세. 마르세유 시민들은 여전히 기억이 생생하니까. 싸늘하게 죽은 기사의 주검이며, 흥건한 피 웅덩이며. 혼자 전진하던 버스와 반쯤 정신이 나간 아랍 쥐새끼까지…"

"무슨 헛소리야. 살인범은 절대 미친놈이 아니었어. 그냥 쥐새끼가 쥐새끼 같은 일을 한 것뿐이지."

"노조는 죄다 머저리들이야. 정책도, 플래카드도, 뭐 하나 제대로 내놓은 게 없잖아. 하지만 우리 식구들을 좀 보라고."

"이참에 노조에게 통쾌하게 한 방 먹였어. 사방에 우리가 뿌린 전단지와 벽보 천지라고. 〈마르세유는 두렵다-마르세유시민방위위원회〉라고 쓰인 벽보가 모든 벽을 도배했지. 그 위원회가 누구라고? 바로 우리지. 오늘 장례 인파도 온통 우리 이야기뿐이더군."

"그거 알아? 오는 길에 아랍 새끼 한 명 눈에 띄지 않더군. 심지어 공사판에서까지 말이야. 죄다 꼭꼭 숨어 버렸나 봐. 잔뜩 쫄아서."

"부디 앞으로도 쭉 그러길."

이번에는 페레이라가 잔을 들었다.

"앞으로 모든 일은 우리 손에 달렸네. 마르세유시민방위위원회가 승리할 걸세."

그때 누군가가 페레이라를 향해 소리쳤다.

"아랍 놈들을 모두 바다로."

이번에는 모든 좌중이 동시에 발을 구르며 연호했다.

"아랍 놈들을 모두 바다로."

어느새 소란이 잦아들자, 피콩 반장은 자리에서 일어나, 길게 기지개를 켰다. 그는 불끈 힘이 솟았고, 뜨거운 흥분으로 달아올랐다. 마침내 때가 된 것 같았다. 그는 옆에 있던 뤽 로시에게 몸을 수그리고 말했다.

"아랍 놈들을 바닷물에 처넣으려면 누군가 살짝 밀어줄 사람이 필요하지 않겠어? 누가 그런 일을 할 최고 적임자일까? 뤽, 수다는 이것으로 충분하네. 덕분에 컨디션이 확 좋아졌어. 이제 자네, 인디언 마을로 로데오 한 판 뛰러 갈 텐가?"

뤽은 평소처럼 잠자코 일어섰다. 다른 누구도 아닌 피콩 반장의 명이었다. 15구 경찰서에서 피콩은 곧 법이었다.

한편 거기서 몇 미터 떨어진 곳에서는 페레이라가 손에 잔을 쥐고 미소를 띤 채 남몰래 '고객'을 지켜보고 있었다. 그는 피콩이 자리에서 일어나는 모습을 유심히 바라봤다. 일진이 매우 나쁜 하루를 보낸 듯, 경관의 눈이 이글이글 타오르고 있었다. 피콩이 뤽과 함께 주방을 거쳐 비상문 쪽으로 향하는 것을 보자, 페레이라는 '해결사'에게 신호를 보냈다. 안타깝게도 대형사고로 레이싱 선수 생활을 접어야 했던 그 선량한 사내는 오늘처럼 불미스러운 사고가 발생할 가능성이 있는 저녁 파티 장소에서 경호원 노릇을 했다. '해결사'가 다가오자, 페레이라가 피콩과 뤽을 손가락으로 가리켰다.

"저기 두 사람 보이지? 둘이 어딘가로 순찰을 갈 모양이야. 저 둘을 따라가 보라고. 피콩을 잘 지켜봐. 다른 쪽은 별로 신경 쓸 필요 없고, 피콩만 잘 지켜보면 되네. 조용히 자기 집으로 돌아가 얌전히 술을 깨도록 말이야. 그 사람 집이 어디인지는 자네도 알지?" '해결사'가 고개를 끄덕이자, 페레이라가 지폐 두 장을 호주머니 속에 찔러 넣었다. "귀찮을 텐데, 시간 외 근무해줘서 고맙네. 임무 완수하는 대로 곧장 돌아와 보고해주게."

'해결사'는 혼자 가기는 불안했는지 친구 한 명을 차에 태워 피콩이 있는 주차장으로 향했다.

"순찰 나가는 거지? 우리도 끼워줄 텐가?"

피콩은 잠시 고민했다. 저 두 사람과 같이 가는 게 과

연 도움이 될까? 저 둘은 분명 우리 식구고, 목격한 일을 쉽게 나불댈 자들이 아니다. 그럼에도 페레이라의 입을 통해 적당히 우리 편에게 소문을 흘려줄 수는 있지. 그럼 더 많은 이들이 우리 일에 공모자로 가담해줄 테고. 단독 사건보다 더 큰 파장을 유도할 수 있을 거야. 그래, 나쁘지 않겠어.

"좋네. 하지만 내 차로는 안 되네. 불편한 건 딱 질색이거든. 대신 자네의 저 폼나는 메르세데스를 타고 친구와 함께 뒤따라오게."

피콩은 자기 소유의 피아트 차량 조수석에 올라타, 차키를 뤼에게 넘겼다.

"자네가 운전하게. 나는 너무 많이 마셨어."

메르세데스가 그들 곁으로 다가와 나란히 섰다. 피콩이 '해결사'에게 설명했다.

"일단 전체적인 도시 분위기를 살피기 위해 한 바퀴 순찰을 돌 걸세. 포르트 덱스쪽으로 올라갔다가, 상황이 괜찮으면 라칼라드쪽으로 향할 거야."

'해결사'가 잠시 머뭇거렸다.

"라칼라드는 익숙하지 않은데. 복잡한 골목에서 길을 잃을 걸세."

"걱정말게. 그곳은 15구 경찰서 관할구역이니까. 뤼과 내가 훤히 꿰뚫고 있지. 게다가 그런 종류의 동네는 우리에게 언제나 기분 좋은 추억을 선사하거든. 아마 자네는 알제리 출신이 아니라서(아니, 혹시 알제리 출신인가?) 이해하기 힘들겠지만 말일세. 일단 포르트 덱스쪽으로 먼저 올라가세. 오늘 밤 쿠스쿠스와 민트차 거리의 분위기가 어떤지 살펴보자고."

피콩은 차량이 이동하는 동안 CDM(2) 벽보가 잘 붙어 있는지 주변을 두리번거렸다. 결과는 실망스럽지 않았다. 그가 발견한 벽보들은 족히 백여 개는 넘어 보였다. 〈마르세유는 두렵다〉가 사방을 도배하고 있었다. 그는 마음이 든든해졌다. 피콩은 점점 더 흥분됐다. 마침내 포르트 덱스에 도착했다. 한창 붐빌 시간인데 한산했다. 점포들은 모두 문을 닫았고, 행인도 보이지 않았다. 자동차 두 대가 나란히 멈춰서 차창을 내렸다. 피콩이 '해결사'에게 몸을 기울이며 말했다.

"내 생각이 맞았어. 〈마르세유는 두렵다〉는 아주 긴장감을 높이기에 안성맞춤인 슬로건이지. 하지만 이제는 낡은 슬로건일세. 오늘 밤부터 두려움을 느끼는 진영이 뒤바뀔 테니까. 좋았어. 이제 라칼라드쪽으로 내달려 볼까?"

피콩이 입을 열자 살짝 시큼하게 변한 아니스 술 냄새가 훅 끼쳐왔다. '해결사'는 잠시 망설였다. 지금이야말로 사내를 침대로 보낼 절호의 찬스인데. 대체 무슨 말로 사내를 설득해야 하지? 남자는 결코 호락호락한 자가 아니었다. 다시 두 자동차가 시동을 켜고 움직이기 시작했다.

마드라그 도로를 거쳐 라칼라드에 도착했을 때, 피콩 팀은 난민수용소로 활용 중인 캉파뉴 레베크 단지와 단독주택가 사이에 위치한 갓길에 정차해 있던 경찰호송차 한 대를 발견했다. 뤼이 손을 흔들어 동료들에게 인사했다.

"15구 경찰서 소속 차량이군요. '정차 대기' 중인 모양이에요. 게를라슈의 장례식 이후 일어날 충돌사태를 기다리는 중인가 봅니다."

"솔직히, 내가 기다리는 것도 같은 것인데 말이야."

두 차량은 교차로 지점에서 서서히 속도를 줄여 포몽대로쪽으로 진입했다. 왼편으로 테르미뉘스 주점이 마감 중인 모습이 보였다. 남자 서너 명이 부지런히 가게를 쓸고 닦으며 정리 중이었다.

피콩은 퍼뜩 절호의 찬스라는 생각이 머리를 스쳤다.

"뤼, 동네를 한 바퀴 돌아, 다시 테르미뉘스 주점 앞을 천천히 지나가 주겠나?"

두 차량은 단독주택가를 빙 돌아, 다시 15구 경찰서 소속 호송차가 계속 '정차 대기 중'인 구역을 거쳐, 포몽대로로 진입했다. 테르미뉘스 주점 앞에 다다랐을 때, 한 청년이 가게에서 나와 대로변쪽으로 두 발을 쭉 뻗은 채 테라스를 두른 담장 위에 앉아 있는 게 보였다.

"계속 전진하게." 피콩이 말했다.

"됐어. 여기서 주점으로 돌아가지. 주점 앞에서 잠시 대기해주게. 아까 그 청년에게 잠시 볼 일이 있으니까. 시동은 끄지 말고. 내가 신호하면 다시 출발하라고. 내 말 알아들겠지?"

"그럼요. 어렵지 않은 걸요."

피콩은 '해결사'에게도 신호를 했다.

"우리는 잠시 주점 앞에 정차할 걸세. 아까 그 청년에게 전할 말이 있어서 말이야. 자네는 우리를 추월한 다음 조금 떨어진 곳에서 대기하게. 그렇게 오래 걸리지는 않을 거야. 자, 그럼 출발하세."

피아트 차량이 방향을 틀어 천천히 왔던 길을 되돌아갔다. 메르세데스도 피아트를 추월했다. 피콩이

차창을 내려 우측을 봤다. 그는 집중해서 잠시 후 해야 할 동작들을 머릿속에 차근차근 떠올려봤다. 그는 벨트 쪽으로 오른손을 내밀어 총을 잡았다. 총은 잘 있었다. 게릴라슈의 장례식이 열린 오늘 그는 종일 이 총을 허리춤에 차고 다녔다. 그는 극도의 흥분에 잠긴 채 한 손으로 총을 만지작거리며 언제든 뽑을 준비를 했다. 마침내 그가 탄 차량이 주점 앞에 정차했다.

피콩이 아랍어로 청년을 불렀다. 청년이 담장에서 뛰어내려 그에

게로 다가왔다. 피콩이 아주 날렵하고 신속한 동작으로 총을 뽑아들어, 몸을 수그리던 청년의 가슴팍을 겨냥해, 증오와 희열에 들뜬 채 정확히 청년의 흉골 중앙에 총부리를 대고 방아쇠를 당겼다. 청년은 미처 뒤로 움찔할 여유도 없이 총알을 맞고 그대로 뒤로 고꾸라졌다.

청년의 몸이 바닥에 채 닿기도 전에 살인자는 서둘러 두 번째 총알을 발사했다. 뤽이 거칠게 페달을 밟아 차를 출발시켰다. 힘이 쭉 빠지고 넋이 나간 피콩이 아무렇게나 세 번째 총알을 쏘아댔다. 피아트에 이어 메르세데스도 출발했다. 두 자동차는 부리나케 좌회전을 돌아 현장을 떠났다. 수 킬로미터 떨어진 지점에서 두 자동차가 시동을 끄고 멈춰 섰다. 새하얗게 질린 뤽이 손을 부들부들 떨며 피콩에게로 달려들었다.

"이런 개자식이. 내 의견은 묻지도 않고 나를 시궁창 속으로 끌어들여? 내가 알았더라면 아까 호송차에 앉아 있던 5구 경관들에게 인사를 했겠어?"

"첫째. 자네는 몰랐다고 할 수 없네. '인디언 마을로 로데오 한 판' 뛰러 가는 게 정말 무슨 소리인지 몰랐다고? 둘째, 시궁창에 빠진 사람은 아무도 없네. 마르세유 시민이라면 누구나 아랍 새끼들이 제발 고국으로 꺼져주길 바라니까. 정부도 정치인도 다들 팔짱만 끼고 사태를 방관만 해. 그러니 그들의 일을 대신할 결단력 있는 사람이 필요하지. 가령 나 같은 사람 말이야. 나는 아랍 놈들에

게 겁을 주기 위해 그놈을 쏘아 죽였어. 아랍 놈들이 벌벌 떨면서, 목숨을 부지하려면 자기 나라로 돌아가야 한다는 걸 깨닫게 해주려고. 마르세유 시민들은 두 팔 들어 환영할 일이지. 게다가 아랍 놈 시체 따위에 관심이 있는 사람이 있을까? 기자? 판사? 경찰?"

'해결사'가 다정한 몸짓으로 뤽에게 다가왔다.

"피콩 말이 맞네. 굳이 오늘 일의 진상을 밝혀내려고 나서는 사람은 없을 거야. 조금 전에 우리가 주차했던 곳에서 나뭇가지 사이로 15구 호송 차량을 지켜볼 수 있었네. 사실 경관들은 우리와 마주쳤으니 당연히 우리가 동네를 순찰 중이라는 걸 잘 알았을 거야. 그리고 분명 우리가 첫 번째 총성을 들었을 때 저들도 똑같이 총소리를 들었을 테고. 아주 고요한 밤이었으니까. 그런데도 저들은 태연히 시동을 켜고 세 번째 총성이 울릴 때쯤 차를 돌려 경찰서 쪽으로 향하더군. 아무 일에도 엮이고 싶지 않다는 듯이 말이야. 이미 엎어진 물일세. 게다가 앞으로 수사는 없을 테고. 이제 우리는 피콩을 집으로 데려다주고, '푸드르'로 돌아가 마저 파티를 즐기자고. 필요하다면 50명의 목격자가 우리의 알리바이를 만들어줄 테니. 우리가 밤새 '푸드르'를 떠나지 않고 함께 있었다고 말일세. 그러니 이제 돌아가세."

에필로그

1973년 8월 28일~29일로 넘어가는 야심한 밤, 마르세유에서는 마그레브인 3명이 목숨을 잃었다.

16세의 알제리인이 라칼라드에서 살해됐다.

북아프리카인 시신 한 구가 에스타크에서 피가 흥건한 웅덩이에서 발견됐다.

알제리인 한 명이 기찻길 옆에서 도끼에 머리를 찍힌 채 사망했다.

9월 첫째 주에서 셋째 주까지, 마르세유 지역에서 한밤중에 살해된 마그레브인은 17~18명으로 추정된다.

하지만 이 사건으로 재판을 받거나, 유죄선고를 받은 사람은 아무도 없었다.

필자는 소설 『마르세유 73』(3)에서 희생자 가족과 그해 마르세유를 담당한 다캥 경찰서장의 시각에서 라칼라드 살인사건을 다뤘었다. 이번 단편에서는 똑같은 사건을 살인범의 시선에서 써봤다. ⬜

크리티크M 5호
『LGBTQIA의 가려진 진실』
권당 정가 16,500원
1년 정기구독 시 59,400원
(총 4권, 정가 66,000원)

글·도미니크 마노티 Dominique Manotti
1942년 파리 출생. 범죄 소설가로 2011년 탐정문학의 그랑프리를 받았다. 대학에서는 19세기 경제사를 가르치는 교수로 활동하고 있다.

번역·허보미
번역위원

(1) 1961년 프랑스령 알제리 지지 세력이 창설한 비밀군사조직(OAS)은 알제리와 프랑스 등지에서 수많은 테러를 자행했다.
(2) 마르세유 시민 방위위원회의 약자.
(3) 『Marseille 73』, Les Arènes, Paris, 2020년.

<향정신성의 의약품>_관련기사 36면

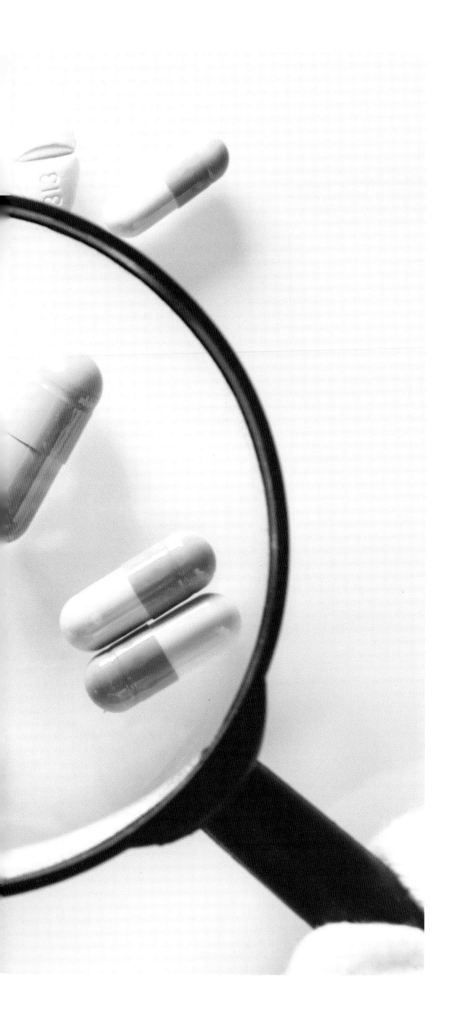

MONDIAL

지구촌

아프리카, 그들만의 복음성가를 창조하다

2020년 스위스 경찰부터 뉴욕 소방관까지, 전 세계가 봉쇄조치를 극복하려는 찬가 '예루살레마'에 맞춰 춤을 추는 영상을 찍었다. 남아프리카공화국 노래인 '예루살레마'는 복음서에서 가져온 가사와 함께 아프리카 기독교에서 영감을 얻은 종교음악의 인기를 상징하게 됐다. 리드미컬하게 그리스도를 찬양하는 '예루살레마'는 영어권 국가를 넘어 코트디부아르나 콩고 등 프랑스어권 국가들로 확산됐다.

장크리스토프 세르방 ▌기자

맑은 목소리가 들린다. '제수 올루발라 니 모 포리 푼 에'. 요루바어(서아프리카 지역에서 널리 쓰이는 언어)로 된 메시지다. '구세주께 저를 바칩니다'라는 뜻이다. 영국국립도서관 보관소에 보관되어 있는 이 곡은 1922년 런던에서 아프리카인 연주자가 녹음한 최초의 종교음악 녹음본이다. 이 곡을 작곡한 영국령 나이지리아의 성공회 목사인 조시아 제스(JJ) 랜섬쿠티는 음악이 사람들을 전도하는 강력한 수단이 될 수 있다고 생각했다.(1) 랜섬쿠티 목사는 8년 뒤 사망했지만, 그의 자손은 아프리카 대륙의 지적·문화적 역사에 큰 획을 남겼다. 그의 손자 펠라 랜섬쿠티는 아프로비트의 선구자이자 '흑인 대통령'이라 불리는 인물로, 1977년 녹음한 〈셔퍼링 앤 쉬마일링(Shuffering and Shmiling)〉이라는 앨범에서 맹목적으로 종교를 포용하는 동포들을 비난했다. 고통을 잊었다는 것이다.

2060년이면 전 세계 기독교인의 약 40%가 아프리카 대륙에 거주하고 있을 것이라는 예측이 나오는데, 아프리카 종교음악도 비슷한 추세로 증가하고 있다. 사하라이남 아프리카의 복음파와 오순절파에서 파생된 '본

(1) Janet Topp Fargion, 'The Ransome-Kuti dynasty', The British Library, 2016년 1월, www.bl.uk

어게인(Born again, '거듭남'이라는 뜻-역주)파' 연주자(여성 연주자들이 많음)들이 예배당과 사원 밖에서 찬양 목록으로부터 자유로운 음악을 발전시켰다. 새로운 아프리카 기독교 음악을 개척한 '본 어게인'파 연주자들은 복음파 신앙의 특징들 중 하나인 거듭남(Born again)과 비슷한 '회심'을 경험한 바 있고, 신성한 환경에서만 연주하는 무보수 찬양 연주자들과는 구별된다.

남아프리카인들에게 복음성가란?

코로나 팬데믹으로 인한 사회경제적 여파와 영적 위안에 대한 필요 때문에 신세대 연주가들이 음악 스트리밍 플랫폼에 등장했다. 그들은 링갈라어와 누시어, 나이지리아 피진어로 하나님의 말씀을 전하고 가족의 가치를 전한다. 남아프리카공화국의 아마피아노나 나이지리아의 아프로비트 등 사하라이남의 뉴 어반 비트뿐만 아니라 알앤비나 팝, 빅밴드, 바이올린 등 5천만 이상의 미국인들이 좋아하는 '신앙 음악(Faith music)'에서도 리듬을 차용한다.

짐바브웨와 에스와티니(과거의 스와질

<모든 것에는 때가 있다>, 2019 - 메리 시방데

란드), 남아프리카공화국은 남아프리카의 양성소라 할 만큼 합창단이 많다. 성악이 여전히 중요한 위치를 차지하는 이들 국가는 사하라이남 문화산업의 핵심 틈새시장이다. 2015년에 실시한 조사에 따르면 남아프리카공화국 인구의 13%가 복음성가를 즐겨 듣는데, 이는 세계 평균의 약 3배에 달한다.(2) 남아프리카공화국의 국내 복음성가 시장은 '세속적' 음악시장과 계속 경쟁하고 있다. 남아프리카공화국 복음성가 시장은 시장 자체가 크고 국경을 넘어 널리 인정받고 있다. 여기에는 흑인거주지 소웨토 복음 합창단과 벤자민 두베 등 목자 겸 연주가의 역할이 크다. 또한 복음성가가 활성화될 수 있는 생태계 덕분이다.

남아프리카공화국에서는 매년 11월이면 공중파 TV에서 SABC(남아프리카공화국 국영 라디오방송-역주) 크라운 가스펠 어워즈(SABC Crown Gospel Awards)가 열리고 역동적인 복음성가 트렌드를 엿볼 수 있다. 아파르트헤이트 기간 복음성가는 비판과 희망을 함께 불러일으켰다.(3) 요하네스버그에 위치한 위츠워터스랜드 대학의 민족음악학 교수인 에반스 네시밤베는 말했다. "오늘날 대부분의 남아프리카인들은 자신의 정체성과 삶, 시련에 대한 모든 것을 복음성가를 통해 찾고 느끼고 표현한다."

디트로이트에 본사를 둔 소울 뮤직 음반사의 자회사, '모타운 가스펠 아프리카(Motown Gospel Africa)'는 남아프리카공화국의 기념비적인 복음성가 합창단인 '조이어스 셀레브레이션(Joyous Celebration, 1994년 결성)'과 함께 2021년부터 아프리카 대륙에서 활동을 시작했다.(4) 아비장 소재 유니버설 뮤직 아프리카 사옥에 있는 모타운 가스펠 아프리카는 최근 자사에서 선보인 아

프리카 기독교 음악 세 곡이 세계적으로 큰 성공을 거둔 데 이어 새로운 인재를 발굴하기 위해 노력 중이다.

세계적으로 큰 성공을 거둔 곡들 중 하나가 바로 〈예루살레마〉다. 2019년 말에 발매된 〈예루살레마〉는 감리교 신자이자 남아프리카공화국 출신 DJ 겸 프로듀서인 카오젤로 모아지(마스터 KG)가 제작하고 놈세도 지코데가 부른 노래다. 림포포하우스 비트(아프로하우스의 하위 장르)에 줄루어로 된 가사 도입부는 계시록(신약성경 중 마지막 편인 『요한 묵시록』)에서 따왔다. 현지에서 발매된 이후 〈예루살레마〉는 소셜 네트워크인 틱톡에서 주최한 댄스 경연대회에서 인기를 얻은 다음, 먼저 앙골라에서 꽃을 피우고 포르투갈을 거쳐 2020년 여름 유럽 히트곡 중 하나로 자리매김한 후 나이지리아의 스타 부르나 보이가 리믹스한 곡으로 다시 아프리카로 돌아왔다. 현재까지 집계된 유튜브 조회수는 5억 5,800만 건 이상이다.

같은 시기에 미국에서는 또 다른 아프리카 복음성가가 유명세를 떨쳤다. 나이지리아 출신 가수 시나크의 〈길을 만드시는 주(The Way Maker)〉였다. 시나크는 논란의 대상이었던 나이지리아 출신 크리스 오야킬롬 목사(특히 과격한 종파라는 혐의로 기소됨)가 설립한 복음교회, '크리스트 엠버시(Christ Embassy)'에서 합창단원으로 활동했고, 2015년 말 하우스 레이블인 러브월드(Loveworld)에서 자신의 곡을 발표했다.

4년 후, 미국의 백인 기독교인 마이클 W. 스미스가 리메이크한 〈길을 만드시는 주〉는 팬데믹을 겪고 있는 전 세계 사람들에게 위안을 줬고, 미국 음악 산업에서 성경과 같은 위치라 할 수 있는 빌보드 주간 차트에서 기독교 음악 부문 정상에 오른 '나이지리

(2) Darren Taylor, 'In South Africa, Gospel Music Reigns Supreme', <VOA>, 2015년 10월 8일, www.voanews.com

(3) 1897년 에녹 손통가가 자신이 가르쳤던 요하네스버그의 감리교 선교학교 합창단을 위해 작곡한 <신이시여 아프리카를 구하소서(Nkosi Sikelel' iAfrika)>는 아프리카국민회의(ANC)의 당가였으며, 새로운 남아공의 두 국가(國歌) 중 하나가 됐다.

(4) Murray Stassen, 'Universal Music Africa and Motown Gospel sign superstar South African music group joyous celebration', Music Business Worldwide, 2021년 3월 19일, www.musicbusinessworldwide.com

아에서 만든' 최초의 복음성가가 됐다. 아프리카 복음성가 부흥을 알리는 세 번째 노래는 카메룬 출신의 벨기에 성령포교회 사제 오를리앵 볼레비스 사니코가 작곡한 〈어떻게 당신을 찬양하지 않을 수 있나요(Comment ne pas te louer)〉로, 이 곡은 올해 "이비자에서까지 압도적인 인기를 누린 가톨릭 음악"으로 평가받았다.(5)

교회 밖으로 나온 종교음악

위에서 언급한 세 곡은 미디어 그룹 오디오비주얼 트레이스 TV(Audiouel Trace TV)가 2015년에 편성 받은 〈트레이스 가스펠(Trace Gospel)〉 채널에서 자주 나온다. 아비장 내 해당 채널의 프로그래머 커티스 블레이는 위 세 곡에 대해, "프랑스어권 아프리카의 기존 사고방식을 부수고, 그 영향권에 안주해서는 안 된다는 것을 깨닫게 해준 노래들"이라고 강조했다. 그리고는 다음과 같이 덧붙였다. "지금까지 우리는 실제로 영어권 사람들보다 훨씬 더 보수적이었다. 종교음악은 교회에서만 들을 수 있었다. 앞으로 더욱 많은 젊은 프랑스어권 '본 어게인'파 기독교인들이 이 새로운 트렌드를 따라 하나님에 대한 사랑과 공동체 내 어번뮤직(6)에 대한 열정을 예배 밖에서 정당화할 수 있을 것이다. 뮤직비디오처럼 프랑스어권 복음성가가 분명하게 전문화되고 있다."

2019년에 제작된 데나 므와나(콩고)의 〈숨결(Souffle)〉 뮤직비디오는 실제로 영어권에서 제작한 뮤직비디오에 비해 전혀 뒤지지 않았다. "전혀 눈으로 보지 못하는 것, 귀로 듣지 못하는 것, 마음은 알고 있지, 그래 마음은 알고 있어."(〈숨결〉 노래 가사 중에서-역주)

싱어송라이터인 므와나는 모타운 가스펠 아프리카에 소속된 최초의 프랑스어권 아티스트 가운데 한 명이다. 므와나는 콩고 내 여러 복음 교회 합창단에서 명성을 얻은 후 해피 피플 레이블(Happy People)과 계약을 체결했다. 해피 피플 레이블은 모네틱(la monétique)과 카날 플뤼스(Canal Plus)에서 근무했던 그녀의 남편, 미셸 무타할리가 10년 전 설립한 회사로, 해피 피플 레이블의 링크드인 페이지를 보면 "문화와 기독교 선교 활동 구상 및 실행을 전문으로 하는" 회사로 나와 있다. 무하탈리에 따르면 "새로운 복음성가는 두 가지 목표를 가지고 있다: 선교와

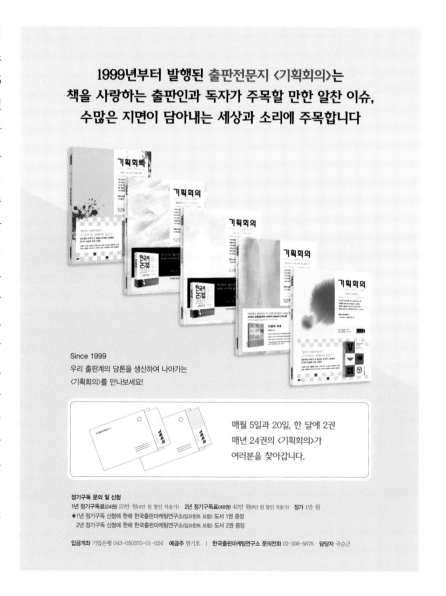

(5) 'En Côte d'Ivoire, l'engoue
-ment pour le rap chrétien
코트디부아르, 기독교 랩 열풍',
<RFI>, 2023년 4월 30일.

(6) des musiques urbaines,
영어로 '어번 뮤직(Urban
Music)'. 팝 음악계에서는 R&B
와 힙합, 소울 등 흑인음악 장르
를 통틀어 '어번'이라는 용어를
사용해왔으나, 최근 세계적인
인종차별 철폐 운동과 함께 이
단어에 대한 문제의식이 제기되
고 있다. 2020년부터 그래미 어
워드도 '최우수 어번 컨템퍼러
리 앨범상'의 이름을 '최우수 프
로그레시브 R&B 앨범상'으로
바꾼다고 발표했다.(-역주)

(7) 'El George agacé par les
artistes urbains qui imitent
Tayc, Hiro 타이크와 히로를
모방하는 어번 뮤지션들 때문
에 짜증이 난 엘 조지', <Infos
Urbaines>, 2022년 7월 19일,
https://infosurbaines.com

(8) 해당 인물에 대해서는 제임스
올트 웹사이트에 올라온 영상
'Machanic Manyeruke: The
Life of Zimbabwe's Gospel
Music Legend'을 참고할 것,
https://jamesault.com

예술가가 자신의 재능으로 생계유지를 할 수 있게끔 하는 것이다." 아비장에서는 "MP3 시스템에 들어가 있는 것"이 중요한데, 이 말은 3개월마다 신곡을 발표한다는 뜻이다.

코트디부아르의 경제 수도인 아비장의 '코트디부아르 기독교 랩'계에서 떠오르는 인물 술레이만 콘(Soulaymane Kone, 일명 KS 블룸)은 "사람들을 신의 곁으로 이끌기 위해" 노래를 부른다.(7) 그는 2017년에 '만물의 창조주'를 영접했다고 말했다. 그 이후, 2021년 앨범 〈불을 켜주세요(Allumez la lumière)〉와 싱글 〈신입니다(C'est dieu)〉를 선보이며 폭발적인 성장세를 보였다. 작년 여름 프랑스 파리 카지노 극장에서 열린 콘서트는 매진됐다. (다만 주류 언론의 관심을 크게 끌지는 못했다.) 또한 그는 4월 말, 그룹 '매직 시템(Magic Sytem)'의 리더인 살리프 트라오르가 기획한 제15회 코트디부아르 페무아(아누마보 어번 뮤직 축제)에서 래퍼 부바와 함께 헤드라이너로 섰다.

2019년 8월 '쿠페데칼레(코트디부아르 출신 프랑스 이민자들에 의해 태동한 댄스 음악의 일종-역주)의 제왕'이라 불렸던 DJ 아라파트가 사고로 사망한 이후 '쿠페데칼레'에서 이탈한 세력 가운데 상당수가 전국의 4,000개 복음 교회 가운데 한 곳에 합류했는데, 26세의 젊은 아티스트 술레이만 콘의 자취를 살펴보면 그 이탈 세력이 어떤 경이적인 성공을 이뤘는지를 알 수 있다.

재해석된 신세대 복음성가가 등장하면서 더 이상 예배당과의 분쟁과 대립을 피할 수 없게 됐다. 콩고 출신 기독교 래퍼 엘 조지는 2022년 7월 "우리가 주의를 기울이지 않는다면, 기독교 어번 뮤직은 이제 실체가 없어질 것이다"라는 게시물을 남기며 경고했다. "만약 신이 어번 뮤직을 통해 당신을 섬

기라는 말씀을 정말로 네게 하셨다면, 너는 너의 특색이 반영된 비전을 가져야 한다. 그리고 그 특색을 갈고 닦아야 한다."

구세군 교회의 일원이자 짐바브웨 복음성가의 아버지인 80세의 기타리스트 맥캐닉 매뉴어류크는 약 30편의 앨범을 내면서도 스스로에게 그런 질문을 던져본 적이 없다.(8) 그는 "노래하는 것에 대해 확신을 가지면 된다"라고 2018년에 설명한 적이 있다. 매뉴어류크는 젊은 아티스트들에게 다음과 같은 조언을 보냈다. "하나님을 믿고 죄를 짓지 않기 위해 존경받을 만한 행동을 할 것. 오늘날 우리가 살고 있는 세상은 실제 유혹으로 가득차 있다." 그 유혹에는, 하나님을 찬양하는 노래를 부르며 부도 쌓는 일도 포함된다. **ID**

글·장크리스토프 세르방 Jean-Christophe Servant
기자

번역·이연주
번역위원

15분 안에 이 건물에서 폭탄이 터질 것이다

미국의 ITT, 칠레 군부 쿠데타의 강력한 후원자

지금으로부터 약 50년 전인 1973년 9월 11일, 미국을 등에 업은 군사 쿠데타로 칠레에서 사회주의가 무너지고 살바도르 아옌데 대통령이 목숨을 잃었다. 당시 미국계 거대 통신기업인 ITT는 칠레 정부의 위치를 불안하게 만드는 데 석연치 않은 역할을 했으며, 현재 실리콘밸리의 거대기업들에게 길을 닦아줬다.

예브게니 모조로프 ▌팟캐스트〈산티아고 보이즈〉작가

1973년 9월 칠레에서 아우구스토 피노체트가 일으킨 유혈 쿠데타로 살바도르 아옌데 대통령이 제거되고 민주주의가 좌절된 지 2주가 지난 어느 늦은 밤, 〈뉴욕타임스〉는 익명의 전화를 받았다. "적으세요, 두 번 말하지 않을 겁니다." 앞으로 벌어질 놀라운 일들에 관한 이야기였다. "15분 안에 미국의 국제전신전화회사(ITT) 건물에서 폭탄이 터질 겁니다." ITT 건물은 무작위로 선택된 것이 아니었다. "ITT가 칠레에 저지른 범죄에 대한 보복입니다."(1)

당시 ITT는 세계적 규모의 다국적 기업들 중 하나였다. 문어발식 경영을 펼치는 재벌기업 ITT 이사회 임원 중에는 CIA 전 국장과 세계은행 전 총재도 있었다. 미군의 최대 계약업체 중 한 곳을 베트남 전쟁의 주요 수혜자로 만들기에 이상적인 구성이었다. ITT는 미국 군산복합체에서 당당히 입지를 과시하고 있었다. "어둠 속에서 시야를 확보하려면 ITT를 보십시오. 어둠은 더 이상 게릴라군의 것이 아닙니다." 체 게바라가 볼리비아에서 죽은 해인 1967년에 나온 ITT의 야간투시경 광고 문구다.

ITT는 계열사에서 생산한 산업용 빵처럼 보이콧 대상이 됐다. 좌파 신문에는 "빵을 사세요, 폭탄을 사세요. 베트남의 ITT"라는 제목의 기사도 실렸다. 활동가들 사이에서는 ITT 기업명이 '제국주의(Impérialisme), 반역(Trahison), 테러(Terreur)'가 아니냐는 말도 돌았다. 그렇다고 해도 맨해튼 한복판에 폭탄이라니…

ITT, 미국의 남미 지역 통신 장악을 후원

결국 오전 5시 40분, ITT 중남미 지부가 위치한 미국 뉴욕 매디슨가 437번지에서 폭탄이 터졌다. 로마와 취리히에 이어 2주도 채 되지 않은 시점, 다국적 기업을 겨냥한 세 번째 범죄였다. 하지만 그것은 시작에 불과했다. 현재의 '테크래시(실리콘 밸리가 촉발한 반발심을 뜻하는 유행어)'와 달리, 1973년 ITT를 대상으로 한 행동들은 분노의 트윗보다는 훨씬 더 큰 피해를 일으켰다. ITT 반대자들에게 ITT란 다국적 자본주의의 표상일 뿐만 아니라 자체 외교정책과 첩보 서비스,

(1) Paul L. Montgomery, 'ITT office here damaged by bomb', <The New York Times>, 1973년 9월 29일.

<못난 남자들>, 2022 - 카를로스 암푸에로

(2) Anthony Sampson, 『The Sovereign State. The Secret History of ITT』, Hodder and Stoughton, London, 1973년.

(3) 'Critique of Techno-Feudal Reason', <New Left Review>, London, n°133-134, 2022년 1월~4월호.

(4) Robert Sobel, 『ITT: The Management of Opportunity』, Times Books, New York, 1982.

정책 인사를 기반으로 독자적인 힘을 휘두르고, 군인과 비밀경찰, 외교관과 퓰리처상을 수상한 기자들까지 홍보 담당관으로 거느리는 기업이었다. ITT는 국가권력의 모든 특권을 가지고 있는 것처럼 보였다. 1973년에 출판된 책 『주권국가(L'État souverain)』의 제목은 거기에서 나왔다.(2)

중세 영주처럼 사용자의 운명을 좌지우지한다며 실리콘밸리의 대기업들에 쏟아지는 '테크노-봉건주의'라는 현재의 비난은 사실 반세기 전에 나왔던 해묵은 불만이다.(3) 1980년 초에 ITT의 영광을 기린 책조차 첫

번째 페이지부터 영주의 이미지를 소환해서 독자들을 '1100년대 중세 유럽'으로 이끌고 다국적기업 ITT의 활동을 '봉건적 맥락'에서 그렸다.(4)

그 둘의 비교가 전혀 타당하지 않다는 것은 아니다. 하지만 국가별 차이가 있기 때문에 그 분석에는 큰 오류가 있다. 그리고 모든 국가가 기술 관련 대기업과 동일한 관계를 맺고 있는 것도 아니다. 하지만 일개 전화 회선 회사가 세계적인 규모의 기업으로 변모할 수 있었던 것은 미국의 군사적, 재정적, 기술적 지배의 직접적인 결과였다. 이 사실을

이해하기 위해서는 ITT의 역사를 살펴보는 것으로 충분하다. 미국의 무조건적인 지원 없이는 ITT도, 실리콘밸리도 그토록 엄청난 성장을 이룰 수 없었을 것이다.

ITT는 에르난과 소스테네스 벤 형제가 1920년 뉴욕에 세운 기업이다. 처음에는 푸에르토리코와 쿠바에 보유한 전화 설비를 관리하기 위한 상점 정도였다. 현재의 영국령 버진 아일랜드의 세인트 토마스에서 태어난 두 형제는 카리브해를 잘 알고 있었고, 그곳에 미국 자본을 유치하기 위해 노력했다. 두 형제는 가족으로부터 물려받은 재산은 적었지만 아주 야망이 컸다. 푸에르토리코로 이주하기 전 소스테네스는 몇 년 동안 뉴욕 월스트리트에서 일했고, 그곳에서 JP 모건과 훗날 시티뱅크가 되는 회사와 인연을 맺게 됐다.

1920년대 중반 ITT는 멕시코와 우루과이, 브라질, 칠레, 아르헨티나, 스페인으로까지 사업을 확장했다. 1929년 ITT는 중남미 전 대륙 전화선의 3분의 2와 케이블 절반을 집어삼켰다.(5) ITT의 놀라운 확장세는 벤이 월스트리트와 돈독한 관계를 맺고 부채를 끌어들인 덕분이었다. 그리고 당시 세계적인 강국으로 부상하고 있던 미국이 중남미에서 영국을 몰아내려는 노력을 기울인 덕분이기도 했다. 전쟁 담당 국무장관이었던 엘리후 루트는 1921년 의회 위원회에서 다음과 같이 인정했다. "남미 통신을 장악하기 위해 목숨을 건 싸움이 벌어지고 있다." ITT의 도움을 받아 당연히 미국이 승리했다. 1930년대 발표된 흥미로운 보고서에 따르면 ITT는 "전 세계 통신시장에서 영국의 독점을 깨기 위해 다른 모든 기업과 정부가 반세기 동안 한 것보다 더 많은 일을 9년 만에 해냈다."(6) ITT의 I가 제국주의를 뜻하는 I라는 말에 일리가 있다.

피델 카스트로와 ITT의 악연

전반적으로 남미 통신시장을 장악하려는 전쟁은 차질 없이 진행됐다. 남미의 많은 국가들이 미국의 환심을 사고자 다른 외국 사업자들에게 요구했던 값비싼 참여 비용(인프라 시설 투자나 일방적인 관세 인상 금지 등)을 면제해주면서 ITT에 레드카펫을 깔아줬다. 몇몇 정부에서 ITT와 미국의 관계를 우려하기 시작한 것은 제2차 세계대전이 시작된 후였다.

첫 번째 우려는 통신 보안에 관한 것이었다. 다른 우려는 경제 민족주의의 대두와 관련이 있었다. 아르헨티나의 후안 페론이나 스페인의 프란시스코 프랑코 등 경제 민족주의의 열렬한 대변자들은 막대한 보상금을 지불한 뒤에야 ITT를 해산할 수 있었다. 어느덧 미국 국방부의 주요 공급업체가 된 ITT는 전화 회선 사업자로서의 수명이 끝나간다는 사실을 알고 있었다. 하지만 최대한 비싸게 자산을 매각할 생각이었다. 구미가 당기는 제안을 기다리며, ITT는 수익을 무리하게 쥐어짜고 요금을 인상하고 투자를 막았다. 그 결과 서비스의 질은 떨어지고 가격은 올랐다. 지역 주민들은 분노했지만 ITT는 만만한 상대가 아니었다. 그렇게 막강한 미국 기업을 어느 누가 국유화하려고 하겠는가?

그런데 어떤 사람이 과감한 행보를 보였다. 1990년대 초 쿠바의 젊은 변호사가 계약을 어겼다며 ITT를 고소했다. ITT는 법정에 끌려나왔고, 변호사의 고객이 승소했다. 그러나, 쿠바의 독재자였던 풀헨시오 바티스타는 법원의 판결을 무시했다. 그 고객의 젊은 변호사가 바로 피델 카스트로였다. 그는

(5) Daniel R. Headrick, 『The Invisible Weapon. Telecom-munications and Internat-ional Politics. 1851-1945』, Oxford University Press, 1991년.

(6) Ludwell Denny, 『America Conquers Britain: a Record of Economic War』, Alfred A. Knopf, New York, 1930년.

그 당시의 굴욕을 잊지 않았다. 1959년 카스트로 혁명 이후 가장 처음으로 국유화된 외국계 기업 가운데 ITT 쿠바 자회사가 있었던 사실을 보면 알 수 있다. 해당 조치는 ITT에 큰 충격이었지만 앞날을 알리는 징조이기도 했다.

1962년 브라질의 한 주지사가 현지 자회사를 장악하자 ITT는 냉전 시대 에피소드처럼 상대를 포장하고 그에 맞서기 위해 미국과의 연줄을 동원했다. 이 일은 2년 뒤 군사 쿠데타 때 다시 부상했다. 브라질은 ITT 자회사를 국유화한 뒤 막대한 보상금을 지불해야 하는 굴욕을 겪었기 때문에 ITT의 로비 캠페인은 성공적으로 드러났다. 1920년대 말 ITT 제국은 남미 자산을 매각한 뒤 벌어들인 엄청난 수익으로 보험회사와 호텔, 렌트카 회사 등 온갖 종류의 자산을 사들였다. 대부분이 현지에 있는 자산이어서 국유화될 위험은 전혀 없었다. 1970년대가 되자 ITT가 보유하고 있는 전화망은 푸에르토리코(ITT의 역사적인 후방기지)와 칠레(1927년에 설립)에 있는 전화망뿐이었다.

칠레에서도 살바도르 아옌데와 악연

ITT가 칠레 정부에 한 약속은 아주 모호하면서도 철저하게 ITT에 유리한 계약이었다.(7) 기독교계 민주당 소속으로 1964년에 당선된 에두아르도 프레이의 정부는 1960년대에 ITT 현지 자회사의 주식을 조금씩 매입한다는 계획으로 문제를 해결하려 했다. 하지만 시간 대비 효율이 떨어지는 조치라며 반대하는 이들이 있었다. 1970년대 대선에서 사회주의자 살바도르 아옌데는 ITT를 국유화하고, 엔지니어로 관리자를 대체하고, 칠레에서 가장 가난한 지역까지 전화망을 확

(7) 해당 챕터가 칠레에 배정되어 있음. Eli M. Noam (dir.) 『Telecommunications in Latin America』, Oxford University Press, 1998년.

장하겠다는 공약을 내세워 승리를 거뒀다.

ITT는 1970년 이전부터 아옌데의 집권을 두려워했다. 6년 전, ITT 이사회 임원인 전 CIA 국장 존 맥콘은 사회주의자인 아옌데의 당선을 방해하기 위해 온갖 노력을 기울였다. 1970년 대선 몇 달 전에도 ITT는 CIA에 연락을 취해서 좌파의 승리를 막기 위해 자금을 대겠다는 제안을 하기도 했다. CIA는 현금이 부족하지 않아서 그 제안을 거절했지만, ITT가 아옌데의 반대파들에게 현금을 마구 뿌려대는 것까지 막지는 못했다.

뜻밖에도 아옌데가 당선된 후 ITT에 접촉한 것은 CIA였다. 예비 부품이나 유지보수 인력 공급을 거부하면서 칠레 정부에 압력을 넣을 수 있지 않을까? 리차드 닉슨의 말에 따르면 CIA의 목표는 아옌데가 임기를 시작하기도 전에 군이 병영을 떠나도록 해서 "칠레 경제가 울부짖게끔" 하는 것이었다. 해당 전략은 갑자기 중지됐다. 아옌데는 집권한 이후 곧바로 ITT를 국유화하기보다는 ITT와 협상을 하기를 바랐다. 그러나 노조를 포함한 ITT 직원들은 더욱 급진적인 조치를 요구했다. 아옌데는 진술함을 발휘해서 대통령궁에 있을지도 모를 녹음기를 찾아달라고 ITT에 부탁하기도 했다.

하지만 1971년 아옌데는 생각을 바꿔 ITT 칠레 자회사를 장악하고 유령회사를 통해 부당이익을 거둔 혐의로 경영진을 체포했다. 이에, ITT는 미국에서 격렬한 캠페인으로 맞섰다. 헨리 키신저 국무장관과 친분을 쌓고, 6개월 이내에 칠레 대통령의 입지를 뒤흔들 18가지 조치를 제안하기도 했다. 또한 주요 야당 신문인 〈엘 메르쿠리오〉에 자금을 지원하도록 CIA를 부추기기도 했다. ITT 내부에서도 의문을 제기하는 목소리가 나오기 시작했다. 언론은 경영진과 닉슨 행정부 인

(8) 미 상원이 주재한 청문회 보고서 2권: 'Multinational Corporations and United States Foreign Policy', Government Printing Office, Washington, 1974년.

사들 간의 대화 내용을 공개했고, 미국 외교정책에 대한 ITT의 영향력을 규명하기 위한 청문회를 열도록 상원을 압박했다.(8) 하지만 해당 수사 이후에도 책임자들을 기소하지 못했고, 어느 누구도 유죄 판결을 받지 않았다. 3개월 후 아옌데는 칠레 군부의 피노체트가 일으킨 쿠데타로 사망했다.

월스트리트와 ITT의 역설적 관계

ITT는 국유화에도 별로 타격을 입지 않았다. 피노체트가 쿠데타를 일으킨 지 얼마 후 피노체트로부터 보상금 조로 1억 2,500만 달러를 받았고, 닉슨 정부로부터도 3,000만 달러를 받았기 때문이다. 결론을 내리지 못한 미 상원의 보고서에도 불구하고(어쩌면 그 때문에) ITT가 칠레에서 수행한 역할에 대해 의혹이 확산됐다. 당연하게도, ITT는 활동가들의 표적이 됐다. ITT 본사 건물에 폭탄이 있다고 〈뉴욕타임스〉에 알린 신원미상의 남성은 극좌 지하조직인 '웨더 언더그라운드' 소속이라고 주장했다. ITT에 대한 부정적인 여론은 ITT의 역사적인 발생지인 푸에르토리코까지 번졌고, 푸에르토리코는 ITT 자회사를 인수하기로 결정했다. 자회사 매각으로 막대한 보상을 받았지만, 사람들의 분노는 식지 않았다. 결국 매각된 지 몇 달 후에 ITT 본사가 폭발했다.

ITT는 존립하던 대부분의 기간 동안 월스트리트와 국방부와의 연줄을 기반으로 영향력을 키우는 성장 모델을 실험하는 실험실과 같았다. ITT의 여러 계열사 간의 시너지는 회계상의 속임수에 불과했지만, 처음부터 글로벌 비전과 대기업 지배력을 갖춘 글로벌화의 선구자이기도 했다. ITT의 경영진은 단기 수익과 주가에 집착하게 되면서 핵심 서

비스에 대한 장기 투자를 등한시했다. 그 점이 바로 ITT가 시대를 앞서나갔다는 사실을 말해준다. 다른 미국 기업들은 대부분 1980년에 들어서서야 그와 비슷한 유혹에 무릎을 꿇었다.

ITT는 1960년대 중반부터 금융화를 받아들였다. 당시 방위산업체 직원이 연구개발에 투자하는 것보다 보험회사를 인수하기를 선호한다는 것은 놀라운 일이었다. ITT 경영진은 라자드 은행에 있는 지인들에게 힘을 빌려 자신들의 탐욕을 기발한 다각화 전략으로 포장하면서 월스트리트를 설득하는 데 성공했다. 하지만 폭발적인 성장에 대한 욕구는 종말의 시작을 뜻하기도 했다. ITT는 당시 실리콘밸리에서 꽃피기 시작하던, 장기적으로 비용이 많이 들어가는 투자를 중요하게 생각하지 않았다. 칠레에서 벌어진 쿠데타로 인해 ITT는 향후 수십 년간 돌이킬 수 없을 만큼 이미지에 손상을 입었다.

역설적인 것은, 경이로울 만큼 ITT의 초기 성장을 이끌었던 미국과 월스트리트와의 가까운 연줄이 ITT의 몰락을 이끌었다는 점이다. 현재 실리콘밸리의 거대 기업들도 첩보와 금융 사이에서 꼼짝달싹하지 못하고 있다. 그러나, 그들은 ITT의 실수로부터 교훈을 얻지 못한 듯하다. **LD**

글·예브게니 모조로프 Evgeny Morozov
200여 건의 인터뷰를 바탕으로 한 9개 에피소드 짜리 팟캐스트 <산티아고 보이즈>(초라 미디어, 포스트유토피아 제작)의 작가. 본 기사도 해당 팟캐스트를 기반으로 한다.

번역·이연주
번역위원

근동에 몰아치는 마약 열풍

시리아, 레바논에서 대량제조되는 마약 캡타곤

캡타곤의 인기가 페르시아만 왕정국가들 사이에서 계속 높아지고 있다. 쾌락을 유발하는 합성 마약 캡타곤은 시리아와 레바논에서 주로 생산된다. 이 향정신성 의약품 시장의 규모는 이제 60억 달러 이상인데, 미국과 영국 당국은 그 10배인 600억 달러에 이르는 것으로 추정하고 있다. 시리아와 아랍 국가들 간 관계가 회복된다고 해도, 이 방대한 마약 밀매를 종식시킬 수 있을까?

클레망 지봉 ▌기자

과일, 초콜릿, 후무스, 터키과자, 도자기, 심지어 동물 창자까지. 캡타곤(Captagon)은 온갖 화물 상자에 숨겨진 채 밀거래된다. 향정신성 합성 약물인 캡타곤은 근동지역의 국경 초소에서 매년 수천 킬로그램씩 압수된다. 지난 3월, 이란 당국은 시리아 데이르 에조르주(州)와 이라크 서부 안다르 사막 지역 사이 국경에서 사과 상자 속에 숨겨진 캡타곤 최소 300만 정을 압수했다. 이로부터 몇 주 후, 사우디아라비아 역시 캡타곤 800만 정을 압수했다고 발표하며 알약 더미 뒤에서 카메라를 등지고 줄지어 선 밀수업자들의 사진을 공개했다.(1)

2020년, 미국 싱크탱크 뉴 라인스 전략정책연구소는 캡타곤 밀거래 규모가 35억 달러에 달하며 2021년에는 57억 달러로 늘어날 것으로 예상했다.(2) 캡타곤 밀거래 주요 관련국은 근동 국가들과 페르시아만 왕정국가들이지만 마그레브 지역에서도 종종 압수 사례가 보고된다. 작년 11월, 모로코 당국은 레바논에서 실어 보낸 캡타곤 200만 정을 압수했다고 발표했다. 이때 압수된 분량 중 일부는 서아프리카 국가로 재반출될 예정이었던 것으로 밝혀졌다.

페르시아만 왕정국가에서 파티 약물로 인기 높아

캡타곤 거래의 매력은 우선 높은 마진이다. 저렴한 재료를 합성하므로 제조가 쉽고, 밀거래 마진이 높아 구미를 자극한다. 캡타곤 한 알의 원가는 몇 센트에 불과하지만, 사우디아라비아나 아랍에미리트에서 20달러에 팔린다. 약효 지속시간이 길다는 것도 매력이다. 한 알을 복용하면 최대 4일 효과가 지속된다.

또한, 마약처럼 규제가 엄격하지 않다는 것도 거래업자들에게 큰 매력으로 작용한다. 공식적으로는 금지됐지만, 소비자들은 알코올이나 대마초, 코카인, 헤로인처럼 이슬

(1) Adam Lucente, 'Saudi Arabia seizes 8 million Captagon pills as it courts Syria's Assad to clamp down', Al-Monitor, 2023년 5월 10일, https://www.al-monitor.com

(2) Caroline Rose & Alexander Söderholm, 'The Captagon threat: a profile of illicit trade, consumption, and regional realities', New Lines Institute for strategy and policy, Washington, 2022년 4월 5일, https://newlinesinstitute.org

람 종교 당국이 엄격하게 금지하는 물질보다는 캡타곤이 덜 해롭다고 여긴다. 뉴라인스 연구소 보고서 공동작성자인 캐럴라인 로즈는 "캡타곤은 페르시아만 왕정국가들에서 유흥용 약물로 큰 인기를 끌고 있다"라며, "향정신성 물질에 대한 문화적 금기를 우회하는 수단으로도 사용된다. 시험기간 각성상태를 유지시켜 주는 등 생산성 향상 효과도 있다. 이런 점들 때문에 인기가 높아졌다"라고 설명했다.

1960년대 초, 독일 기업 데구사 제약 그룹(Degussa Pharma Gruppe)은 암페타민 계열의 합성약물인 페네틸린 성분의 향정신성 의약품 캡타곤을 출시했다. 주의력 결핍 혹은 발작성 수면장애 환자에게 처방되던 이 흰색 알약에는 초승달 모양의 알파벳 'C'가 2개 맞물려 찍혀 있었다. 이 약에 각성효과가 있다는 사실이 알려지자 군인, 학생, 심야파티를 즐기는 이들이 이 약을 찾기 시작했다.

의료 외 목적 복용 가능성과 의존성 위험 때문에 국제연합(UN) 향정신성 물질에 관한 협약은 1986년 페네틸린을 관리대상 물질 제2목록에 올리고 캡타곤의 제조와 판매를 제한했다. 몇 년에 걸쳐 서유럽 내 재고 대부분이 폐기된 후 캡타곤 비공식 무역에 최초로 뛰어든 것은 발칸 반도다. 불가리아는 캡타곤을 제조해 튀르키예와 근동지역으로 수출했다.

유럽 마약 및 마약중독 감시기구의 과학 분석가 로랑 라니엘은 "밀수업자들은 기존 캡타곤 재고를 소진한 후 페네틸린을 암페타민 황산염으로 대체해 재생산했다"라고 설명하며 "캡타곤이라는 명칭은 그대로지만, 화학공식은 완전히 변했고 앞으로도 계속 변할 수도 있다"라고 강조했다. 1990년대 말, 불가리아가 유럽연합(EU) 가입을 준비하고 튀르키예와 EU와의 관계가 개선돼 밀수가 어려워지자 캡타곤 생산지는 근동지역으로 옮겨갔다.

오늘날 암페타민 황산염의 주요 생산지역은 여전히 유럽이다. 그러나 캡타곤의 주요 시장은 레바논과 시리아 국경 지역이다. 뉴라인스 연구소 로즈 연구원은 2000년대 초 이후 레바논의 캡타곤 생산시설은 해체됐음을 상기시켰다. 하지만 20년이 지난 지금, 레바논에는 지금도 경계가 허술한 시리아 접경 지역, 특히 베카 평원에 다수의 소규모 이동식 생산시설이 남아있다.

로즈 연구원은 "레바논 당국이 단속을 강화할 때면, 생산시설은 일시적으로 시리아로 이동했다가 단속이 줄어들면 레바논으로 복귀한다"라고 설명했다.

알아사드 대통령의 형제가 비밀거래 핵심

캡타곤 밀수업자들과 레바논 군인들이 충돌하기도 한다. 밀수업자들은 발포도 서슴지 않는다. 지난 2월, 베카 평원의 하우르 탈라 마을에서 마약을 단속하던 레바논 군인 3명이 사망했다.(3) 캡타곤은 레바논과 페르시아만 왕정 국가들 사이에 외교적 긴장을 높이는 원인이기도 하다. 2021년 6월, 사우디아라비아는 레바논산 과일과 채소 수입을 금지했다. 밀수업자들은 다른 방법을 모색했다. 지난 4월, 레바논 경찰특공대(ISF)는 레바논 북부 연안 도시 트리폴리에서 캡타곤 1,000만 정을 압수했다고 발표했다. 문제의 캡타곤은 세네갈과 사우디아라비아행 선적 내 고무 화물에 숨겨진 상태였다.

레바논이 유일한 캡타곤 생산거점은 아니다. 로즈 연구원에 따르면, 캡타곤의 최대

(3) Layal Dagher, 'Three soldiers killed in Bekaa during raid on drug traffickers', L'Orient Today, 2023년 2월 16일, https://today.lorientlejour.com

<탐닉 정원>, 2009 - 크리스토프 베르다게 & 마리 페쥐

생산국은 시리아다. 시리아의 생산시설은 '공장' 규모다. 시리아는 바샤르 알아사드 정권의 통제 하에 있는 해안을 따라 15개 이상의 '산업형 생산시설'을 운영 중이다. 수도인 다마스쿠스, 알레포, 홈스도 예외는 아니다. 레바논, 이라크, 요르단 접경 지역에서 생산된 캡타곤은 육로로 수출된다. 철권통치가 펼쳐지는 시리아에서 캡타곤을 생산한다는 것은, 정치권의 장려 없이는 불가능하다. 외교적으로 고립되고, 서구의 제재로 타격을 입고, 최근까지 접경국 튀르키예, 이라크와의 관계도 냉랭한 시리아는 '마약 수출국'이라는 비난을 감수하고 수입원 다각화를 꾀했다. 시리아는 캡타곤 수출 사실을 부인하고 있다.

　본지는 시리아 캡타곤 밀매와 관련해, 핵심인물에 대한 정보를 입수했다. 그의 이름은 마헤르 알아사드, 바샤르 알아사드 시리아 대통령의 형제이자 정예부대인 4사단의 실권자다. 로즈 연구원은 "4사단은 정권의 통제를 받는 지역에 위치한, 산업적 규모의 캡타곤 생산시설을 감독하며 요르단 및 레바논과 맞닿은 남쪽 국경지대에서도 입지를 강화했다"라고 설명했다. 유엔마약범죄사무소(UNODC)의 마약 연구원 토마스 피에트슈만은 "마약 밀매에 대해서는, 모든 이해 관계자가 각자의 정치적 의제에 따라 서로 책임을 떠넘긴다"라며, "비난의 화살을 돌릴 때는 신중해야 한다"라고 강조했다. 어쨌든 레바논과 시리아의 캡타곤 소비량이 주변 국가들만큼 많다는 점은 확실하다.

"캡타곤은 초국가적 위협"

　2022년 9월, 미국은 '캡타곤 법'을 채택했다. 캡타곤 무역을 억제하고, 특히 역내유통을 막고자 채택한 이 법은 캡타곤 무역을 미국의 "안보에 대한 초국가적 위협"으로 명시하고 있다. 2021년 12월 이 법안을 발의한 공화당 프렌치 힐 의원은 "시리아 정권과 연계된 마약 생산망 교란 및 해체가 이 법안의 목표"라고 설명했다. "우리는 이 법이 역내 공공보건을 개선하고, 알아사드 정권의 불법자금 조달을 제한하고, 근동지역의 안정을 강화할 수 있다는 믿음에 따라 동맹국 및 협력국과 함

(4) 보도자료, 'Tackling the illicit drug trade fuelling Assad's war machine', Foreign, Commonwealth and Development Office, London, 2023년 3월 28일, https://www.gov.uk

(5) Maya Gebeily, 'Arabs bring Syria's Assad back into fold but want action on drugs trade', Reuters, 2023년 5월 10일, https://www.reuters.com

께 전략을 수립했다." 지난 3월, 미국과 영국은 캡타곤 무역 관련자들에게 제재를 부과했다. 양국은 알아사드 정권이 캡타곤 무역으로 570억 달러를 벌어들이는 것으로 추정했다.(4) 이 수치는 근동지역 캡타곤 시장에 대한 추정치의 10배, 멕시코 카르텔들의 총 마약 거래액의 3배에 달한다.

제재 대상에 오른 인물 중에는 시리아 정권 고위관리, 주요 기업인, 민병대 지도자, 알아사드 대통령의 측근 그리고 레바논 정당 헤즈볼라의 일원도 있다. 특히 헤즈볼라에는 군사 및 물류 분야에서의 힘을 동원해 캡타곤 생산 및 운송을 보호한다는 혐의가 제기됐다. 하지만 로랑 라니엘 분석가는 "캡타곤 밀수망은 시리아 국경을 훨씬 뛰어 넘는다"라며, "때로는 시리아 정권의 측근들이 너무 쉽게 희생양이 된다"라고 지적했다. "다른 국가들과 공모 없이, 시리아 정권이 이런 엄청난 양의 캡타곤을 공급할 수 있을까? 어렵다고 본다. 밀수업자들은 엄청난 위험을 무릅쓴다. 사우디아라비아에서는 사형을 당할 수도 있다. 또한 캡타곤 무역의 규모를 고려할 때, 페르시아만 국가들에도 제도화된 밀거래망이 있으며 현지 관계자들도 운송에 관여하고 있는 것으로 보인다."

그럼에도 페르시아만 국가 당국은 예멘에서 국민 기호품이 돼버린 마약성 작물 카트(Qat)처럼, 자국 내에서 캡타곤 소비가 일상화되는 것을 막기로 결정했다. 본지가 입수한 UNODC 문건에 따르면 2020~2022년, 페르시아만 국가들 내 캡타곤 압수 건수는 80회에서 513회로, 무려 6.4배로 늘었다. 시리아와 아랍연맹 회원국 간 관계가 정상화되면, 새로운 국면이 열릴 것인가? 시리아가 협력국과 주변국의 환심을 사고자 마약밀매에 제동을 걸 것인가? 5월 19일, 사우디아라비아 제다에서 열린 아랍연맹 정상회의에서 알아사드 정권은 아랍연맹 복귀를 알리며, 시리아와 페르시아만 왕정국가들과의 외교적 접촉을 강화했다.

캡타곤 문제는 시리아와 사우디아라비아 간 협상 과정에서 이미 논의된 바 있으며 지난 3월에는 관계 정상화 준비를 위해 마헤르 알아사드가 사우디아라비아를 직접 방문하기도 했다. 사우디아라비아 외교관들은 아랍연맹 정상회의에서도 캡타곤 문제가 논의됐다고 밝혔다. 그러나, 캡타곤 생산을 전면 중단하거나 최소한 아라비아반도로의 수출만이라도 중단하는 대가로 사우디아라비아가 시리아에 40억 달러 지원을 약속했다는 페르시아만 국가 언론의 보도는 부인했다.(5) 시리아와 아랍 국가들의 관계 정상화의 범위와 캡타곤 밀매망에 미치는 영향은, 향후 몇 달간 캡타곤 압수실적이 말해줄 것이다.

한편, 페르시아만 국가들이 레바논 혹은 시리아발 화물을 감시하자 캡타곤은 이제 아시아, 아프리카, 유럽을 거쳐 가고 있다. 그리스와 이탈리아는 캡타곤이 실린 화물을 여러 차례 압수했다. 요르단을 비롯한 시리아와 레바논 접경국들은 캡타곤 밀매에 점점 깊이 관여하면서, 캡타곤 소비도 늘고 있다. **LD**

글·클레망 지봉 Clément Gibon
기자

번역·김은희
번역위원

'특별인출권', IMF 쇄신의 최고 해법인가?

도미니크 플리옹 ▮소르본 파리 노르 대학교 명예 교수

유엔 무역개발회의(UNCTAD)는 코로나 팬데믹 후유증을 해소하려면, 아프리카 대륙에서만 2,000억 달러 이상이 필요하다고 예측했다. 팬데믹 후유증은 아프리카에 한정된 문제가 아니어서, 전반적인 해소를 위해서는 실로 거액이 필요하다. 그 거액을, 대체 누가 지불한다는 말인가?

지난 1월 20일, 애덤 엘히라이카 유엔 아프리카 경제 위원회 거시 경제정책부장은 한 가지 해결책을 제안했다. 국제통화기금(IMF)의 '특별 인출권(SDR)'을 활용하자는 것이다.(1) 엘히라이카의 제안은, 국제부흥개발은행 부총재를 지내고 2001년 노벨 경제학상을 수상한 경제학자 조지프 스티글리츠부터, 미국 경제정책연구소(CEPR)의 공동대표 마크 와이스브롯에 이르기까지 여러 전문가들이 이미 주장했던 내용이다.

"SDR은 최고의 글로벌 유동성 메커니즘"

만일 이들 전문가의 말처럼, 현재의 경제위기에 대한 해법이 이미 존재했던 것이라면? 공식적으로 SDR은 IMF 회원국이 자국 중앙은행의 외환 보유고를 보충하고자 IMF 출자율에 따라 부여받는 일종의 '국가별 신용한도'다. 해외거래 자금조달을 위한 국제통화수단인 셈이다. SDR은 1944년 브레턴우즈 협정 당시 수립된 국제통화제도(IMS)의 결점을 보완하고자 1969년 생겨났다.

당시 미국은 제2차 세계대전 이후 자국이 주도하는 세계 평화 '팍스 아메리카나' 실현이라는 명분으로, 달러를 IMS의 기축 통화로 사용하도록 했다. 그러나 영국의 경제학자 존 메이너드 케인스는 '달러본위제'가 장기적으로는 비현실적이라 판단해 이에 반대했고, 특정 국가의 통화에 특혜가 부여되지 않는 진정한 국제통화로 기능할 '방코르' 도입을 제안했으나, 실현되지는 못했다.

그리고 곧, 달러 중심의 국제통화제도는 한계를 드러냈다. 세계경제에서 달러 유동성 부족과 공급과잉이 번갈아 나타난 것이다. 이런 역기능은 발행국의 정책에 좌우되는 한 국가의 통화가 국제무역의 발전 그리고 다양한 자본의 국제수지 자금 조달을 동시에 만족시켜야 하는 국제통화로서 역할을 할 수 없다는 '트리핀의 딜레마'로 설명할 수 있다. IMS의 역할 중 하나는, 국가들이 필요에 따라 달러 유동성을 확보할 수 있도록 국제 유동성을 제어하는 것이었다. 국제통화 안정성 보장이라는 설립 의도에 따라, IMF는 결국 달러 공급이 부족할 때도 무역과 자본의 흐름을 확장할 새로운 국제 예비자산 SDR을 도입했다.

SDR은 여러 종류의 통화로 구성된다. 시기에 따라 통화 바스켓을 구성하는 숫자는 달랐고, SDR의 가치도 시간이 지나면서 변화했다. 2016년부터는 사용 비중이 높은 통

(1) Busani Bafana, 'Africa Wants IMF Special Drawing Rights Re-Allocated To Finance Its Development', AllAfrica, 2023.1.20, allafrica.com

(2) 달러, 유로, 위안, 엔, 파운드의 가중치는 각각 41.73%, 30.93%, 10.92%, 8.33%, 8.09%다.

(3) Renaud Lambert, 'FMI, les trois lettres les plus détestées du monde IMF, 사람들이 가장 싫어하는 세 글자', <르몽드 디플로마티크> 프랑스어판 2022년 7월호, 한국어판 2022년 8월호.

(4) Joseph Stiglitz, 『Pour une vraie réforme du système monétaire et financier international 스티글리츠 보고서: 국제통화 및 금융 시스템의 진정한 개혁을 위해』, Les Liens qui Libèrent, Paris, 2010.

(5) Alain Grandjean, Mireille Martini, 『Financer la transition énergétique 에너지 전환 자금을 조달하다』, Les Éditions de l'Atelier, Ivry-sur-Seine, 2016.

화 5종(달러, 유로, 파운드, 엔, 위안)만 남았다.(2) SDR의 이점은 국제 유동성 도구로서 정치적 중립성을 띤다는 점이다. 실제로 SDR 공급은 미국의 국제수지 상황에 좌우되지 않고, IMF의 감독하에 여러 주체가 관리한다.

2009년, 저우샤오촨 중국 인민은행 총재는 SDR을 기축 통화로 활용하자고 제안했다. 2007~2009년 IMF의 금융지원 규모는 1,826억 달러로, 창설 이래 최대규모였다(1970~1972년 93억 달러, 1978~1981년 121억 달러). 저우샤오촨 총재는 IMF가 국제 중앙은행의 시초가 될 수 있다고 봤다. 워싱턴에 본부를 둔 이 기관이, 글로벌 물가 안정이라는 목표로 국제 유동성을 관리할 수 있다고 판단한 것이다. 저우샤오촨 총재의 관점에 따르면, SDR은 달러를 보완할 국제통화 유동성의 원천이 될 수도, 나아가 달러의 대안이 될 수도 있다.

비슷한 시기에, 중국과 여러 신흥국가는 자국의 새로운 경제적 비중에 상응하는 의결권을 행사를 위해 IMF에 투표권 개정을 요구했다.(3) 같은 해, 경제학자 조지프 스티글리츠가 발표한 '세계경제위기 후 국제통화 및 금융 시스템 개혁'에 관한 UN 보고서에서는 SDR을 "최고의 글로벌 유동성 메커니즘"이라고 소개했다.(4) 이 보고서는, 매년 1,500억~3,000억 달러를 포함한 SDR을 발행해야 한다고 주장하면서 그 근거로 다음의 세 가지 이유를 들었다.

첫 번째로, SDR 발행은 세계무역 성장에 연동된다. 즉, 회원국들이 필요한 연간 외환 보유액 잉여분을 제공할 수 있다. 두 번째로, SDR은 보다 이로운 조건으로 최빈국들의 인출권을 높여줌으로써, 이들 국가에 대한 IMF의 자금 조달을 용이하게 해준다. 세 번째로, SDR 발행은 경기조정 역할을 할 수 있다. 세계경제 성장이 둔화되면 SDR 비중이 훨씬 커진다. 따라서 IMF는 중앙은행 최후의 대출기관 역할을 하게 될 것이다.

2009년 4월 런던에서 열린 G20 정상회담에서는 서브프라임 사태로 어려움을 겪는 국가들에 SDR을 포함한 대출을 확대하고자, IMF의 재원을 5,000억 달러 늘리는 결정을 내렸다. 그리고 조지프 스티글리츠의 보고서는 사문화됐다.

'그린 SDR'의 이점과 한계는?

코로나 19로 인한 사회·경제적 여파를 해소하기 위한 두 번째 제안은 2015년 파리에서 열린 제21차 유엔기후변화협약 당사국총회(COP21)에서 거론된 '그린 SDR'이다. UN이 운영하는 '녹색 기후기금'을 늘리고, 후진국들의 에너지 전환 자금을 조성하는 것이다. 기금 납부 대상은 온실가스 배출에 주된 책임이 있는 중국을 포함한 21개국이다.(5)

이들 21개국은 IMF가 보유한 자국의 외환 보유고 중 일부를 SDR형식으로 그린 SDR에 이전한다. 그리고, 해당 재원의 사용은 IMF가 아닌 납부국들이 직접 결정한다. SDR은 이런 식으로 선진국과 후진국 사이에 에너지 전환과 관련된 자금 이동이 필요한 경우 이용될 수 있고, 이는 선진국들이 환경 부채를 일부라도 갚게 해줄 것이다. 물론, 이 제안이 동조를 얻으려면 선진국들이 기후변화에 대한 역사적 책임을 인정해야 한다.

이렇듯 SDR에는 이점이 많다. 하지만 실현에 한계가 있기에, 이런 의문이 생긴다. SDR은 국제통화제도 개혁의 최선책일까? 그렇지는 않다. 첫 번째로, SDR에는 배분이 불평등하다는 문제가 있다. 인출권은 필요에 따라서가 아닌 IMF 내 출자금 비율에 따라 분배된다. 즉, SDR은 부유국에 유리하다는 한계가 있다. 두 번째로, SDR은 실제 통화가 아니다. 이 점은 IMF도 인정했다. "SDR은 통화가 아니다. 외환시장에서 사용하려면, SDR을 외화로 바꿔야 한다."(6)

그러나 CEPR의 한 연구 결과에 따르면, 국제수지 균형을 위해 SDR을 사용한다면, 국내경제를 다시 순환시킬 수 있다. SDR이 비록 통화는 아니지만, '유동성'으로 작용할 수 있다는 것이다.(7) 하지만 어떤 경우라도 SDR은 고정된 화폐 본위가 될 수 없고, 통화 바스켓을 구성하는 통화들의 비중과 시세에 따라 가치가 결정된다. 하나의 통화가 회계단위로서 그 역할을 하려면 안정적인 가치를 지녀야 한다. 결국, SDR 형태로 국제 유동성 공급을 하는 것은 제약과 한계를 안고 있다. IMF가 화폐 발행 권리를 가진 중앙은행이 아니기 때문이다.

그렇다면, 현재 IMF의 역할은 무엇인가? 회원국들이 정한 금액의 재원을 재분배하는 것이다. IMF의 역할을 변화시키려면 개혁이 필요하다. 개혁에는 다음의 세 가지 조건이 따른다. 첫 번째 조건은, IMF의 민주화다. 현재 IMF는 미국과 유럽의 부유국가들이 지배하고 있다. 이런 IMF의 정당성에 많은 국가들이 이의를 제기하고 있다. 물론, 기득권 국가인 미국과 유럽 국가들은 민주화에 반대하고 있다. 서브프라임 위기 이후 중국과 신흥국들이 열망했던 투표권 개정 이후에도 미국의 거부권은 사실상 유지됐다.

두 번째 조건은, IMF의 지위 변화다. IMF는 세계경제의 필요에 따라 화폐를 생산하는 진짜 은행이 아니다. 회원국들의 결정에 따라 대출 여부가 정해지는 기금에 불과하다. 세 번째 조건은, SDR에 독립적인 국제통화의

워싱턴 DC에 위치한 IMF 본부

도에서 달러의 기축 통화 논리 및 지배적 역할을 손봐야 한다.

정치적 측면에서는 어떨까? 국제통화제도의 최근 방향은 SDR의 역할 확대에 호의적이라고 볼 수 있다. 실제로, 달러의 경쟁 화폐로서 유로와 위안이 강세를 보이면서 국제통화제도는 다극화됐다. '통화 바스켓'으로서 SDR의 논리에 부합하는 현상이다. 통화 바스켓 구성은 이런 통화 다극화를 반영한다. 그러나, 여전히 세계 경제를 지배하는 것은 미국 화폐다. 외환거래의 주류 화폐는 여전히 달러라는 것이다. 2019년 기준 달러 비중은 44%, 유로는 16%, 엔은 8%, 위안은 2%에 불과했다.(8) 중국 화폐의 국제거래 비중은 아직 낮다. 사용 순위로 보면, 달러와 유로에 한참 못 미치는 세계 8위다.

미국달러 중심의 세계, 바꿀 수 있을까?

이런 상황에서, 과연 미국이 자국의 기

(6) IMF, '특별인출권', imf.org

(7) André Arauz, Kevin Cash-man, Lara Merling, 'Special Drawing Rights: The Right Tool to Use to Respond to the Pandemic and Other Challenges', 2022년 4월, cepr.net

(8) 국제결제은행 발표 자료.

득권을 포기할까? 미국은 자국의 전략적 이익과 무역 이익을 지키고자, 최근 유럽 국가들과 러시아를 상대로 달러의 국제적 이용과 관련한 해외 제재정책을 펼쳤다. 또한, 어려움에 처한 국가들을 지원할 때도 미국의 성향이 드러난다. 2021년 8월, 세계경제위기 상황에서 각국의 공식 외환 보유고를 채울 수 있도록 IMF가 6,500억 달러에 해당하는 SDR을 회원국에 지급하는 것에 미국도 동의했으나, 실상 미국은 조건부 지원을 원한다. 그 조건 중 하나가 중앙은행 사이에 이뤄지는 일명 '스와프' 협정이다. 이는 중앙은행이 국내통화를 대가로 달러 유동성을 확보할 수단이다. 미국의 이런 특권은, '지정학적으로 우월한 위치 증명'인 셈이다.

지금은 협력이 이뤄지는 시기가 아니다. 따라서, '환율전쟁' 같은 비협력 시나리오의 영향 때문에 국제통화제도가 계속 균열을 일으킨다고 생각할 수도 있다. 이런 상황에서 디지털 경제와 신기술들이 출현한 것은 주목할 만하다. '중앙은행 디지털 화폐(CBDC)'가 좋은 사례다. 중국은 2022년 동계올림픽을 계기로 e-위안화라 불리는 CBDC를 본격적으로 사용하면서 매우 앞서 나가고 있고, 중국은 실크로드 전략의 일환으로 아프리카 및 아시아 국가들의 CBDC와도 관계를 맺으며 달러의 지배력을 견제하려고 한다.(9) 유럽연합도 2024년에 디지털 유로화 프로젝트에 착수하기로 결정했다. 이 프로젝트는 유로화의 국제적 역할을 확대할 것으로 전망된다. 이들 CBDC의 공존은 IMS 미래 변화의 핵심이 될 것이다.

그러나 환율전쟁은 수많은 국가에 피해를 입힐 수 있다. 주요 외화들의 영향에 따라 통화 구역들이 서로 대립하고, 이로 인해 세계경제가 분열할 수도 있기 때문이다. 기후

(9) Michel Aglietta, Guo Bal, Camille Macaire, 『La course à la suprématie monétaire mondiale à l'épreuve de la rivalité sino-américaine 중-미 경쟁에 저항하는 국제통화 패권 다툼』, Odile Jacob, Paris, 2022.

문제를 비롯해, 지구 공통의 문제들이 산재해 있는 상황이다. 따라서 환율전쟁을 피하고 전 지구적 다자간 협상의 틀을 받아들여야 한다. 이 틀은 두 가지로 나눌 수 있다.

그중 하나는, 2007~2008년 글로벌 금융 위기의 중심에 있었던 일명 '시스템적으로 중요한 대규모 은행들' 같은 주요 금융 주체들에 대한 다자간 감시 시스템으로, 2009년 G20 정상회담에서 만들어져 이미 존재하고 있다. 다른 하나는 이상기후에 가장 많이 노출된 국가들을 위한 국제적인 자금 조달 시스템이다. 앞서 언급했던 녹색 기후기금 등 최근 수립된 여러 프로젝트는 이미 이런 방향으로 나아가고 있다. IMF가 무에서 창조한 SDR의 공급 확대도 이런 새로운 금융 메커니즘의 일환으로 실행할 수 있을 것이고, 이는 국제통화제도의 이중적 변환을 가져올 것이다.

먼저, SDR 발행은 국제통화 유동성의 수요에 직접적으로 관여하게 될 것이고, 글로벌 금융 시스템의 마지막 대출 기관 역학을 하게 될 IMF의 재원에 의해 더는 제약받지 않을 것이다. 더불어, 여전히 달러의 역할에 크게 지배되고 있는 현재의 국제통화제도의 논리가 변화할 것이다. 이는 브레턴우즈 협정 당시 케인스의 제안과 연결되는, 국제통화제도 쇄신의 첫걸음이 될 수 있다. ⓓ

글·도미니크 플리옹 Dominique Plihon
소르본 파리 노르 대학교 명예 교수. ATTAC(Association pour la Taxation des Transactions financières et pour l'Action Citoyenne, 자본이동에 대한 조세부과를 위한 시민운동연합) 학술 위원회 위원.

번역·김자연
번역위원

루스벨트와 처칠이 독일의 운명을 결정했을 때

독일을 완전히 파괴하려던 '모건도 계획'

독일은 전쟁의 폐허를 딛고 일어나 1950년대에 '경제 기적'을 이뤄냈다. 사람들은 전후 독일의 눈부신 재건이 연합군의 독일 점령과 마셜 플랜, 냉전 동안 대립했던 민주주의와 공산주의 체제의 모델이 된 두 국가의 탄생 덕분에 가능했다고 생각한다. 하지만 1944년 늦여름, 연합군은 전혀 다른 시나리오를 계획하고 있었다.

피에르 랭베르 ▮기자

바쁘게 움직이는 고급 승용차들, 성곽 주변을 에워싼 삼엄한 경비, 수많은 외교관 그리고 기자들의 무리. 흑백으로 촬영된 뉴스 영상은 윈스턴 처칠 영국 총리의 시가와 프랭클린 루스벨트 미국 대통령의 흰 모자를 잠깐 동안 비췄다. 이날은 1944년 9월 15일, 캐나다에서 제2차 퀘벡 회담이 열리던 중 두 정상은 패배한 독일을 어떻게 할 것인가라는 까다로운 주제를 논의하고 있었다. 동부 전선에서 승리를 거두고 있는 소련 군대의 진격과 연합군의 노르망디 상륙작전 덕분에 전쟁의 향방은 명확했다. 모두가 독일군의 패배가 임박했음을 예상했다. 물론, 실제로 독일은 꽤나 오랫동안 저항하며 버텼지만 말이다.

루스벨트 미 대통령과 처칠 영국 총리는 회담 당시, 예정에 없던 비밀 각서를 체결했다. "독일을 농경 및 목축 국가로 변모시키기 위해 루르 지방과 자를란트 지방에 위치한 군수 공장들을 제거하는 계획"에 관한 것이었다. 회담장 뒤에서는 루스벨트 대통령의 막역한 친구이자 이웃인 헨리 모건도 미 재무장관이 기뻐하고 있었다. 그는 동료들에게 "내 인생에서 가장 흥미롭고 만족스러운 48시간이었다"고 고백했다.(1) 크리스마스트리 재배를 전문으로 하던 농민 출신의 이 장관은 '독일을 어떻게 할 것인가'라는 문제에 대해 몇 주 전부터 미 대통령에게 간단명료한 해법을 제시했다. 바로 독일을 완전히 끝장내버리는 것이었다. 루스벨트 대통령은 9월 13일 만찬에서, 모건도 장관에게 처칠 총리와 앤서니 이든 영국 외무장관 앞에서 계획의 큰 틀을 설명해줄 것을 요구했다. '모건도 계획'을 살펴보면 먼저 "군수 산업 전체의 완전한 해체 및 군사력에 필수인 화학, 제철, 전력 생산 등 다른 주요 부문 제거 또는 파괴"를 통해 독일을 비무장 상태로 만들고, 폴란드와 소련 그리고 프랑스가 독일 영토의 일부를 합병한 뒤 나머지 영토는 남북으로 분할한다는 내용이다.

이 계획에 따르면, 라인란트에서 킬, 그리고 "산업 역량의 중심이자 전쟁의 소용돌이가 몰아친" 루르 지역에서 모든 공장들을 해체해 전쟁으로 폐허가 된 국가들에 배상하고, 광산과 남아있는 설비들은 폭파하거나 "폐기"한 후 국제 사회가 관리한다. 또한, "기

(1) 'Report on Quebec conference', 1944.9.19., Morgenthau Diaries, vol. 772, 1944.9.15.-19., FDR Library's digital collection, http://www.fdrlibrary.marist.edu.

술자와 숙련공 및 그 가족은 모두 해당 지역을 영구적으로 떠나도록 권장한다"는 야심찬 사회공학 작전으로 평화 계획을 뒷받침한다. "고등교육기관을 다시 여는데 상당한 시일이 소요될 수 있기 때문에" 남아있는 국민들의 호응을 얻는 힘들 수 있다. 마지막으로, 모건도는 유엔이 작성한 중대 전범자 목록에 기재된 이를 현장에서 모두 총살하고, 정치적·인종적 동기 또는 전쟁 범죄를 통해 타인의 사망을 초래한 사람은 누구든 사형에 처해 비(非)나치화를 단행하기로 했다.

나치의 친위대 슈츠슈타펠과 비밀경찰 게슈타포, 다른 나치 정보기관들에 몸담았던 이들은 주변 국가에서 강제 노역에 처해진다.(2)

처칠, "한 나라 전체를 벌할 수는 없다!"

미 재무장관의 설명을 듣던 영국의 처칠 총리와 이든 장관은 식사를 멈췄다. "총리는 내 이야기에 별 관심이 없다는 듯 낮게 속삭이며 곁눈질을 했다"고 모건도는 회상했다.(3) 시가를 문 남자는 "아주 거칠고 폭력적인 언어로" 계획을 격렬히 비난했다. "그 잔인하고 반기독교적인 계획은 영국을 독일의 폐허에 묶어 둘 것이다. 한 나라 전체를 벌할 수는 없다!"고 처칠은 소리쳤다. 다음날, 모건도는 전쟁으로 출혈이 심했던 영국에게 65억 달러의 추가 지원을 약속했다. 사실, 영국 외무부는 배상금을 징수하기 위해 독일 경제의 신속한 회복을 염두에 두고 있었다. 그러나 처칠 총리가 '교수'라고 칭하며 신망하던 고문 처웰경은 패전국 독일의 시장을 영국이 차지할 수 있을 것임을 총리에게 암시했고, 결국 처칠 총리는 모건도 계획을 받아들였다. 처칠은 "자업자득이다"라고 중얼거렸다. 놀란 이든 장관 앞에서 총리는 직접 각서 내용을 읽어주기까지 했다. 하지만 영국 외교관들은 독일이 목축업 국가로 변화하는 것을 완강히 반대할 것이 분명했다.

반면 소련의 이오시프 스탈린 최고사령관에게는 전혀 문제될 것이 없었다. 스탈린은 테헤란 회담(1943년 11월 28 ~ 12월 1일) 이후 처칠 총리, 루스벨트 대통령과 함께 독일 해체에 동의했지만 막대한 배상을 요구해왔다. 소비에트 연방의 심각한 인적·물적 손실이 지속됐기 때문이다. 종전 이후 추산에 따르면 미국인 1명당 독일인 13명 그리고 소련인 70명이 목숨을 잃었다. 1944년 10월 중순 소련을 방문한 처칠 총리는 스탈린에게 모건도 계획을 열성적으로 소개했다. 독일의 공장 및 공작 기계들을 손에 넣길 바라던 만큼이나 패배한 적국의 탈공업화에 호의적이었던 소련의 지도자는 모건도 계획의 변증법적 측면을 특히나 높이 평가하며 이렇게 말했다. "독일이 복수할 가능성을 없애야 한다. 그렇지 않으면 25~30년마다 새로운 전쟁이 발발해 젊은 세대를 몰살시키고 말 것이다. 이런 점에서, 가장 강경한 조치가 결국엔 가장 인간적인 조치가 될 것이다." 스탈린이 "독일인 중 150만 명 이상이 보복을 생각할 것이다"라는 의견을 말하자 처칠은 영국 여론의 저항이 예측된다고 하면서 "전장에서 가능한 많이 죽여야 한다"고 강조했다.

모건도 계획, 영국과 미국 내 반발 초래

루스벨트는 이런 생각에 크게 놀라지 않았다. 아버지의 온천 치료 때문에 독일 바트나우하임에서 짧은 기간이나마 교육을 받았던 루스벨트 미 대통령은 그곳의 주민들을 "혐오한다"고 말하지는 않았지만, 아홉 살

(2) 'Suggested Post - Sur-render Program for Ge-rmany'는 다음 사이트에서 확인할 수 있음. https://history.state.gov/historicaldocuments/frus1944Quebec/d86

(3) 인용문 출처: John L. Chase, 'The Development of the Morgenthau Plan Through the Quebec Conference' (<The Journal of Politics>, 시카고, vol. 16, n° 2, 1954년 5월), Warren F. Kimball, 『Swords or Ploughshares? The Morgenthau Plan for Defeated Nazi Germany. 1943-1946』(J. B. Lippincott Company, 필라델피아, 1976), Michael Beschloss, 『The Conquerors: Roosevelt, Truman and the Destruction of Hitler's Germany. 1941-1945』(Simon and Shuster, 뉴욕, 2003), Ted Morgan, 『FDR. A biography』(Simon and Schuster, 뉴욕, 1985), Cordell Hull, 『The Memoirs of Cordell Hull』(Macmillan Company, 뉴욕, vol. 2, 1948), John Dietrich, 『The Morgenthau Plan. Soviet Influence on American Postwar Policy』(Algora publishing, 뉴욕, 2013), Jean Edward Smith, 『FDR』(Random House, 뉴욕, 2007), Benn Steil, 『Le Plan Marshall 마셜 플랜』(Les Belles lettres, Paris, 2020).

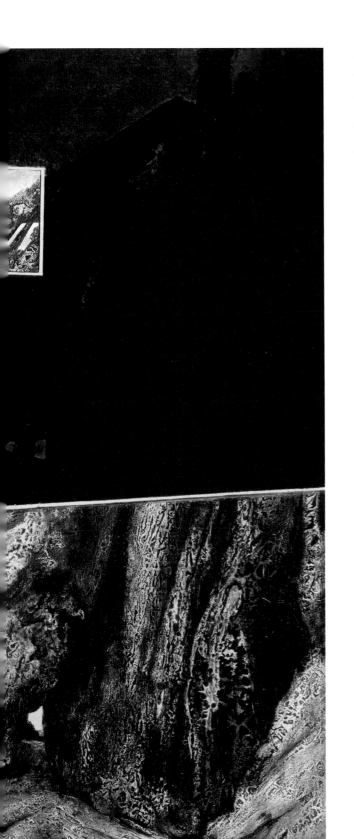

<낮과 밤>, 1941-1942 - 막스 에른스트

의 어린 시절 이미 독일 동급생들을 "멍청하다"고 평가했다. 1944년 여름, 모건도는 아주 쉽게 루스벨트를 설득했다. "우리는 독일에게 강경하게 대해야 한다. 나치뿐만이 아니라 국민도 포함해서 하는 말이다. 독일 민족을 거세하거나, 과거의 사람들처럼 행동할 수 있는 이들을 계속 출산할 수 없도록 해야 한다"며 열변을 토했다. 독일의 항복 이후 독일인들을 집단적으로 철저하게 재교육시키는 것만이 호전적인 성향을 억누를 수 있을 것이라 생각한 것이다. 그는 코델 헐 미 국무장관에게 "새로운 전쟁을 일으킬 생각조차 할 수 없도록, 집단적으로나 개인적으로 독일이 패전국이라는 사실을 강하게 각인시켜야 한다"고 강조했다.

모건도는 본인이 제안한 계획이 너무 무르다고 생각했다. "우선은 파괴가 먼저고, 국민들을 어떻게 할지에 대해서는 그 다음에 생각할 것이다." 모건도의 극단주의는 유대인 말살에 대한 공포에서 기인한다. 그는 독일계 유대인 이민자 가족의 후손이다. 또한, 1914~1915년 주튀르키예 미국대사를 지내고, 아르메니아 대학살과 독일 지도자들의 학살 공모를 비난했던 동명의 아버지 헨리 모건도에게서도 영향을 받았다. 별다른 특색 없이 정통적인 성향을 가진 미국 재무부의 수장 헨리 모건도는 미국에서 모두에게 환영받지는 못했다. 1944년 11월 미국 대선 당시 루스벨트와 함께 부통령 후보로 나섰던 해리 트루먼은 "모건도가 사리분별을 제대로 하지 못한다"고 조심스레 말하기도 했다. 미국 민주당의 중요 기부자였던 글래디스 스트라우스는 루스벨트 대통령이 "돈에 대해서 아무것도 모르는 유일한 유대인"을 재무부 장관으로 임명했다며 비난했다.

하지만 모건도의 곁에는 십여 년 전부터 그를 보좌한 명석한 경제학자 해리 덱스터 화이트가 있었다. 화이트는 1944년 7월 브레턴우즈 회의를 공동 조직하고, 존 메이너드 케인스에 반대되는 미래 국제통화 시스템에 대한 자신의 관점을 주장했다. 모건도 계획의 큰 줄기를 그린 것도 바로 화이트였다. 계획 경제에 대한 관심과 국제조직 안에서 미국과 소비에트 연방이 협력하기를 바랐던 마음 때문에 냉전시대에 소련의 스파이라는 혐의를 받기도 했다. 어쨌든 모건도와 화이트는 퀘벡 회담에서 얻은 결실에 만족했다.

미 국무장관, "독일을 미국화하는 것이 가장 좋은 방법"

그러나 이들의 성공은 미국 정부의 균열을 드러냈다. 모건도의 생각에 반대하는 헨리 스팀슨 전쟁부 장관과 코델 헐 국무장관은 처칠 총리와 루스벨트 대통령이 서명한 각

서를 모욕처럼 받아들였다. 스팀슨 장관은 "복수를 위한 야만적인 유대인주의"이자 "문명에 대한 범죄"라며 분노했고, 코델 헐 장관은 "극단적인 기근 계획"이라며 비판했다. 독일의 미래에 대해 "수백 시간을 노력해온" 헐 장관의 눈에는 무능한 재무부 장관 하나가 자신이 애써 가꾼 화단을 짓밟은 것이나 마찬가지였다. 영국의 경제학자 케인스가 비판했던 1919년 베르사유 조약의 가혹한 조건들이 나치주의의 발전을 가져왔다

는 사실을 미국 외교관들은 기억했다. 그러니 헐 장관의 입장에서 모건도는 잘못된 길을 자처하는 셈이었다. 헐 장관은 "독일을 평화롭게 하는 가장 좋은 방법은 독일을 미국화하는 것이다"라고 말했다. 물론 "유럽에 대한 독일의 경제적 지배를 완전히 없애는 것"이 중요하지만 세계화라는 큰 흐름 안에서 호전적인 성향을 없애는 것 역시 필요하다.

1944년 8월 14일에 작성된 미 국무부 문서에서는 "전쟁으로 인한 독일의 자급자족 경제를 상호의존적인 세계 시장에 통합할 수 있는 경제로 대체해야 한다"고 설명했다. 헐 장관은 독일이 배상금을 지불할 수 있도록 분할 대신 연방주의를, 탈공업화 대신 산업 재배치 및 국제화를 이뤄야 한다고 주장했다.

퀘벡 회담이 끝난 직후, 헐 장관은 모건도 계획이 나치들의 필사적인 저항을 야기하고 유럽 전체를 빈곤에 빠지게 할 것은 물론이며 대량 학살을 초래할 수 있다고 루스벨트 대통령에게 강력히 경고했다. "독일 국민 가운데 단 60%만이 토지를 일구며 생계를 유지할 수 있다. 나머지 40%, 약 2,800만 명은 죽게 된다."

모건도 계획은 폐기 … 마셜 플랜 등장

이런 상황을 우려한 루스벨트는 계획 실행을 늦췄다. 그러나 9월 말 모건도 계획은 언론에 유출됐고, 선거 운동 중이던 공화당에서는 이

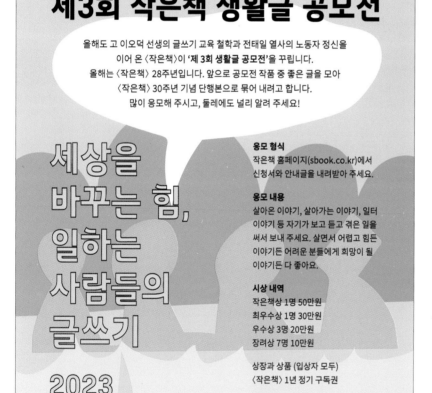

(4) Gabriel Kolko, 『The Politics of War. The World and United States Foreign Policy. 1943-1945』, Pantheon Books, 뉴욕, 1968.

를 문제 삼으며 비판했다. 모건도는 불리한 상황에 놓였다. 영국 외무부와 새로운 국무부 장관도 모건도 계획에 대한 비난 수위를 높였다. 나치 정권의 선전부 장관이었던 요제프 괴벨스도 이 계획을 비판했고, 아돌프 히틀러 역시 신년 메시지에서 이 계획을 언급했다. 1945년 2월 4~11일에 열린 얄타회담에서는 독일을 목축 국가로 만들자는 안건이 더 이상 논의되지 않았다. 그래도 모건도 장관은 자신의 주장 중 일부가 점령지 독일의 미국 군사 정권에 대한 지침에 반영되는 것으로 위안을 삼았다. 1945년 5월 10일 트루먼 대통령이 서명한 문서에서는 "독일인들은 그들이 초래한 것에 대한 책임을 피할 수 없다"고 선언하며 총독들에게 "독일의 경제 회복을 위한 그 어떤 조치도 취하지 말 것"을 요구했다.

모건도 계획은 1945년 4월 12일 루스벨트 대통령의 사망 이후 폐기됐다. 국제기구에서 소련과 미국의 협력을 이루겠다는 해리 덱스터 화이트의 비전 역시 함께 사라졌다.

미국의 역사학자 게이브리얼 콜코는 독일을 파괴하겠다는 아이디어에는 "러시아의 과격주의를 없애고 러시아를 새로운 세계 자본주의 경제로 재통합"시키려는 목적이 담겼다고 평가했다.(4) 그러나 냉전의 윤곽이 서서히 드러나면서 독일의 위협은 소련의 위협으로 대체되고 있었다. 미 중앙정보국(CIA)은 "미국의 안보에 가장 큰 위험은 서유럽 경제의 붕괴 가능성과 그로 인한 공산주의 세력의 부상이다"라고 말하며 우려했다. 그러므로 제대로 무장한 서유럽에 독일을 재통합하고 재산업화하며, 국제자유무역 진영을 구성해 소비에트 연방에 맞서야 한다. 이 야심찬 주장은 마셜 플랜이라 불린 또 다른 중대한 계획이 됐다. ⅬⅮ

글·피에르 랭베르 Pierre Rimbert
<르몽드 디플로마티크> 기자

번역·김자연
번역위원

UN ASSASSINAT EN WAGON

(위) <한탄하는 상인>, 1852 - 폴 나르시스 살리에르
(아래) <무슈 뒤리엘 암살사건>, 1906년 1월 25일자 사건·사고 기사 삽화

범죄를 노래하고 즐기다

프랑스 민중이 즐겨읽은 '카나르'의 운명

15세기 말부터 프랑스 해방기까지, 잡상인이 팔던 인쇄물에는 살인 등 온갖 사건들이 상세하게 묘사돼 있었다. 논픽션과 픽션이 섞여 있었으며, 대개 자극적인 이야기가 담겨 있었다. 사람들은 이를 나름대로 해석하고 즐겼다. 이야기에 익숙한 가락을 붙여 노래로 만들기도 했다. 자극적인 이야기에 목말라 있던 대중은 집단 카타르시스를 느꼈다.

장프랑수아 막수 하인즌 ▌역사학자

이런 정기간행물에, 썩 중요해 보이지 않는 종이 언론을 찬양하는 내용을 실어도 괜찮을지 모르겠다. 비정기적으로 제작되고 판매되던 이 흥미로운 인쇄물은 '임시신문', '하루살이' 또는 '오리(Canard)'라고도 불렸다. 무려 6세기 전에 등장한 이 인쇄물은 가늘고 길게 명맥을 잇다가, 프랑스 해방과 함께 사라졌다. 헤드라인으로 그림과 서술형 문장이 자주 등장했으며, 범죄사건 특히 가십거리와 유명한 정치적 사건들을 다룰 때는 노래의 형태를 빌리기도 했다. 연극과 그랑기뇰(Grand-Guignol, 살인이나 폭동 등 끔찍하고 기괴한 내용을 주로 다루는 연극-역자 주) 사이 어디엔가에 있던 이 간행물은 오랫동안 대중에게 쾌락을 선사했다. 매거진 <Détective(사설탐정)>와 라디오와 텔레비전에서 <피고인, 들어오세요(Faites entrer l'accusé)>, <범죄(Crimes)>, <범죄 사건(Affaires criminelles)> 같은 프로그램이 등장하기 전까지는 상당한 대중적 인기를 누렸다.

이런 형태의 인쇄물은 15세기 말에 탄생했다. 먼 곳에서 일어난 전쟁, 왕조 탄생 기념식, 이상 기후, 각종 범죄사건 등이 다뤄졌다. 이 인쇄물은 16세기부터 대중에게 큰 인기를 얻었다. 그러나 그 내용들 중 완전히 지어낸 이야기들도 많아서, 이 인쇄물의 별명인 '오리(Canard)'가 거짓말과 동의어로 쓰일 정도였다. 잡상인들은 이 인쇄물을 거리나 시장에서 팔면서, 주요사건의 장면을 큰 그림이나 큰 목소리로 묘사하며 호객행위를 했다. 이렇게 팔린 '오리들'은 서민 가정의 저녁 식탁이나 파티에서 오락물로 소비됐다. 사람들은 저마다 논평을 하고, 인쇄물을 서로 보여주거나 함께 읽었다. 그중 노래 형태의 것들은 외우기도 쉬웠다.

취객들 간 다툼을
살인사건으로 만들다

초반에는 소식을 빨리 전하기 위해 급조한 소책자 형태로 보급됐지만, 후에는 61x84cm 규격의 종이에 양면 인쇄됐다. 과장된 헤드라인은 전면 대문자로 찍혀, 단번에 눈에 들어왔다. 헤드라인 아래에는 자극적인 도입문이 실렸다. 도입문은 이런 식이었다. "끔찍한 사건의 전말. 비소니에라는 여성이, 다른 폴란드 여성을 질투해 살해했다. 그리고 피해자의 집인 노낭디에르가 10번지 앞 보도에 시신을 방치했다. 사건의 첫 번째 심문과 범행 자백 내용을 밝힌다."

이후 다소 긴 글이 이어지고, 목판화로 인쇄한 삽화가 함께 실렸다. 다만 그 목판은 매번 재사용하는 것이라서, 때마다 다른 사건을 자세히 표현하기에는 한계가 있었다. 인쇄물의 마지막 부분에 나오는 '이 주제로 만든 노래' 또는 '이야기 가사' 챕터에서는 글의 내용을 가사 형태로 만들어 사람들이 노래로

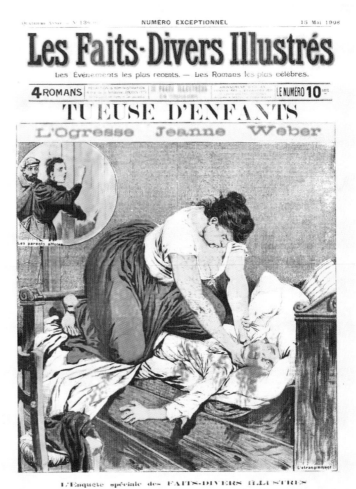

<잔 웨버, 구트도르의 살인마>, 1908년 5월 15일자 인쇄물 삽화

부를 수 있게 했다. 이처럼 이런 인쇄물은 다양한 분위기의 글을 싣고 대중의 눈과 귀를 동시에 즐겁게 해주면서, 다소 어설프기는 하지만 이미지, 글, 노래가 가진 힘을 최대한 이용했다. 사람들은 각자의 능력에 따라 인쇄물을 읽기도 하고 노래하기도 하면서 하나의 이야기를 여러 형태로 즐기고 소비했다.

"어른과 아이들은 모여라 / 슬픈 이야기를 들어라 / 존속살인자의 이야기를 / 우리는 본 적이 없다네 / 이토록 파렴치한 자를 / 어머니를 칼로 찔러 죽인 아들을 / 그의 이름은 피에르 가요 / 방직공장의 노동자라네 / 청년들은 잘 봐둬라 / 그가 지은 죄와 받게

(1) Arrêt du conseil supérieur qui condamne Pierre Gayot [...] Complainte sur le même sujet 피에르 가요에게 유죄를 선고한 최고 위원회의 판결문, 이 주제에 관한 노래, Lyon, 1771.

될 벌을 / 부모에게 복종해라 / 오래 살고 싶다면"(1)

　범죄 내용과 그에 대한 판결과 처벌은 글에서 중요한 부분을 차지했다. '피로 범벅된 오리'에는 고발장, 판결문, 범죄자의 마지막 발언이 그대로 실리기도 했다. 그러나 19세기 말까지는 대부분 가십거리의 내용을 부풀려서 다시 쓴 잔인한 이야기들이 대부분의 지면을 채웠다. "(1883년에) 트라베르신가에서 끔찍한 살인사건이 일어났다. 사망자 두 명 중 한 명은 칼로 11차례나 찔렸고 다른 한 명은 오른팔의 동맥이 잘렸다." 그러나 실상 이 사건에서 사망자는 없었다. 정통 신문의 기사에 따르면, '취객들 간의 주먹다짐'에 그친 사건이었다. 한편 유혈사건에 대한 높은 관심은 프랑스 전역에서 나타났다. 두 명을 약탈하고 살해한 혐의로 1844년에 처형된 피에르 델쿠데르크의 이야기는 총 4편, 141절의 노래가 됐다.

노래에 살고, 가십에 살고

　제2 제정이 시작되면서 정식 대중매체가 하나둘씩 생겨났고 이들은 다양한 가십거리로 독자들의 마음을 사로잡았다. 그러나 이것이 '오리'의 죽음을 의미하지는 않았다. 실상 그 반대에 가까웠다. 새롭게 등장한 정식 대중매체는, 오리들에게 노래의 소재를 선사했던 것이다. 1860년 이후부터 오리들은 '실제' 사건만 다루기 시작했다. 1855~1861년 리옹에서 12명의 하녀를 살해한 마르탱 뒤몰라르, 1869년 한 가족의 구성원 8명을 죽인 장밥티스트 트로망(팡탱 사건), 1890년대에 수십 명의 목동을 살해한 의혹을 받은 조세프 바셰, 벨에포크 시대에 프랑스 전역을 누빈 '보노 집단' 등이었다.

결과는 엄청난 성공이었다. 1870년에 '트로망의 노래'가 실린 호는 무려 20만 부나 판매됐고, 1914년 5월에 베리 지역에서는 한 가수가 '카이오라는 여성의 범죄'라는 제목의 노래를 1천 곡 이상 판매했다. 제1차 세계대전 이후 '오리'와 정식 매체의 유일한 차이는 '노래'였다. '오리'는 대중에게 범죄사건을 알리는 데 그치지 않고 노래를 만들었다. 이런 흐름은 해방기까지 계속돼, 오라두르쉬르글란 학살 사건의 노래가 실린 호는 47만 5,000부나 팔렸다.

"군인들은 저주를 받아라, 프랑스는 절대 잊지 않을 것이다 / 이 땅에서 일어난 일을 / 난폭하고 잔인한 군인들이 저지른 일을 / 그들은 문명인이 아니다 / 자유로운 민중은 언제나 기억할 것이다 / 오라두르 학살사건을"(2)

노래에는 가사와 가락(멜로디)이 필요하다. 가사는 출력만 하면 되지만, 악보를 볼 줄 모르는 대중에게 가락을 어떻게 알려줬을까? 답은 '개사곡'이다. 대중에게 익숙한 가락에 새로운 가사를 붙였던 것이다. 글의 내용을 담은 가사를 적고 그 상단에 '가락(멜로디) : 방랑하는 유대인'이라는 문구를 추가하면, 독자들은 알아서 노래를 완성했다. 앙시앙 레짐에서 불렸던 '작센 사령관의 노래'의 멜로디에는 '바스티드와 조지옹, 그의 공범들이 로데즈에서 퓌알데스를 잔인하게 살해한 사건을 소재로 툴루즈에서 만든 노래'의 46절이 1817년에 입혀졌다.

"프랑스 민중이여, 들어라 / 칠레 왕국의 민중도 / 러시아의 민중도 / 희망봉의 민중도 들어라 / 반드시 기억해야 할 사건을 / 아주 중요한 사건을"(3)

<독살자, 엘렌 제가도>, 1852, 에피날 - 펠르랭

이 노래는 프랑스 전역에서 큰 인기를 끌었고, 가락으로 쓰인 '퓌알데스의 노래'는 1930년대까지 단골로 등장했다. 1933년에 '6명을 살해한 무아락스의 노래'도 이 가락을 차용했는데, 가사는 다음과 같다.

"정의롭고 엄격한 판사는 / 조금의 자비도 없이 / 판결을 내렸다네 / 모든 민중이 바라던 판결을 / 그리고 살인자의 운명을 결정했다네 / 사형을 구형했다네"(4)

19세기 중반부터는 순회공연 가수나 레스토랑에서 공연하는 가수들의 활동이 늘어났다. 좀 더 현대적인 가락에 범죄사건을 묘사한 가사를 붙이는 일이 많아졌고, 이제는 하나의 사건을 여러 곡에 붙여 부르기도 했

다. 1894년 사디 카르노 대통령 암살사건은 '퓌알데스의 노래', '방랑하는 유대인', '아카데미의 베랑제', '전사 프랑스', '파리의 고아'의 가락을 통해 재탄생했다. 특히 '라 팽폴레즈'(테오도르 보트렐, 외젠 포트리에, 1895년)의 가락은 가장 큰 성공을 거뒀다. 드레퓌스 사건, 보노 집단의 테러, 랑드뤼 연쇄살인사건, 스타비스키 스캔들, 11세 소녀를 강간하고 살해한 알베르 솔레이앙의 이야기가 이 가락 위에 입혀졌다.

"잔혹한 이야기 / 공포스러운 이야기 / 끔찍한 괴물의 이야기 / 그 괴물의 이름은 알베르 솔레이앙 / 상상을 초월하는 살인마 / 사람들을 두려움에 떨게 하네 / 소름이 돋게

(2) Yves de Saint-Hubert, *L'odieux massacre d'Oradour-sur-Glane* 오라두르쉬르글란에서 일어난 끔찍한 학살사건, 1944.

(3) *Complainte [dite de Fuald -ès]* 퓌알데스의 노래, 1817.

(4) *La complainte du sextuple assassinat de Moirax [air : Fualdès]* 6명을 살해한 무아락스에 관한 노래 (가락 : 퓌알데스), Bordeaux, 1933.

<세 건의 암살, 잔혹하게 살해된 세 노인>, 1903, 파리 - 도나데

클레르 골 기자가 "체험" 현장 르포르타주 기사를 쓰기위해 직접 파리 길거리에서 노래하는 장면, 부알라 주간지, 1934, 2월

하네 / 불쌍한 소녀의 이야기가 우리의 마음을 아프게 하네 / 흐느끼는 가족들 / 소녀를 다시는 볼 수 없음에"(5)

초기에 이런 노래는 긴 시와 비슷한 형태를 지녔다. 후렴구는 없고 절이 수십 개, 때로는 100개가 넘었다. 가사에는 몇 가지 규칙이 있었다. 우선, 1절에서는 대중의 흥미를 끌어야 했다. 그래서 '모두 들어라', '이리 와서 이야기를 들어라'와 같은 문장이 쓰였다. 다음은 해당 사건이 우리와 가까운 곳에서 일어났다는 사실을 강조하기 위해, 인쇄물의 판매처와 가까운 지명을 등장시켰다.

"들어라, 아버지들이여 / 물랭, 몽트뤼송의 아버지들 / 가나, 에리송의 아버지들 / 부르봉, 푸리유의 아버지들 / 샤틀라르에서 일어난 범죄는 / 주아나르가 범인이라네"(6)

그리고 실제 희생자나 범죄자의 이름이 나왔고, 사건의 발견과 그 내용(가끔 지어내기도 했다), 범인의 체포, 재판, 처형까지가 상세하게 묘사됐다. 마지막 부분에는 가사에서 가장 중요한 내용, 즉 교훈에 담겼다. 가십거리에 교훈을 담고 사건 범위를 넓히는 것이다. 청년들은 올바른 길을 가도록, 그리고 부모들은 자녀를 올바른 길로 인도하도록 독려했다.

"게으름을 따라가면 / 그 끝은 단두대 / 사형집행인을 두려워하는 / 청년들은 / 악의 길에서 도망쳐라 / 죽음에 이르는 그 길에서" '생제니에 살인사건에 관한 노래'(1882)의 가사다. 종종 복수하라는 내용도 포함돼 있었다. 이런 류의 노래에는 때로 민중의 정의 구현 욕구가 반영됐기 때문이다.

"사형은 고통스럽다 / 모두 알고 있을 것이다 / 그러나 나는 어쩔 수 없다고 말한다 / 모험을 쫓는 자는 / 단두대에서 처형을 당하거나 / 칼에 찔려 죽는다"(7)

단두대 위에서 낭송하는 시

제2 제정 이전에는, 민중이 주장한 단두대 처형을 1인칭 관점에서 묘사함으로써 처형 장면을 더 극적으로 부각시켰다. '내 어머니와 누이와 남동생을 죽인 나, 피에르 리비에르'에서 미셸 푸코는 "범죄자가 자신의 범죄를 회상하며 쓴 이상한 시는 때로는 처형 현장에서 다양한 해석을 낳기도 했다"라고 썼다.(8)

"단두대에 오른 제 모습이 보이시나요 /

(5) Marius Réty, Pauvre Petite Marthe [air : La Paimpolaise] 불쌍한 소녀 마르트 (가락 : 라 팽폴레즈), Paris, 1907.

(6) Complainte du crime de Chatelard 샤틀라르 사건에 관한 노래, Allier, 1891.

(7) L'assassin du 20-100-O, 살인사건, Limoges, 1886.

(8) Moi, Pierre Rivière, ayant égorgé ma mère, ma sœur et mon frère⋯ Un cas de parricide au XIXe siècle 내 어머니와 누이와 남동생을 죽인 나, 피에르 리비에르, 19세기에 일어난 존속살인사건, Gallimard, Paris, 1993 (1973년 초판본).

신이시여, 저를 용서해주소서 / 청년들이여, 높은 곳의 그분께 기도하라 / 절대로 나처럼 행동하지 말라 / 아니면 나처럼 죽게 될 것이다 / 법의 칼날 아래에서"(9)

이런 패턴을 보이는 가사의 형태는 1914년까지 지속됐다. 이후 길고 지루한 가사는 사라지고, 3~4절 정도로 간결해졌다. 대중의 취향에 맞춰 후렴구를 도입하고, 실명은 싣지 않았다. 그러자 '실제 사건을 바탕으로 만든 노래'라는 부제가 붙은 '논픽션'을 다룬 노래와, 사건과 무관하지만 사회의 어두운 면을 보여주는 '픽션'을 담은 노래를 구별하기 어려워졌다. 범죄 내용을 묘사한 노래는 '사실주의 노래'의 장르에 흡수됐다.

프랑스가 해방된 뒤 자취를 감춘 '오리들'

1870~1940년 발생한 630건의 범죄사건을 가사로 하는 약 1,300곡의 노래를 프랑스 전역에서 수집했다.(10) 숫자로만 보면 사건당 평균 두 곡이지만, 특정 사건에 편중돼 있었다. 사건의 약 75%는 한 곡밖에 만들어지지 않았다. 언론에서 많이 다룬 사건일수록 노래에서도 인기가 많았던 것이다. 1908년 슈타인하일 스캔들, 1894년 사디 카르노 암살사건, 1869년 팡탱 범죄사건을 다룬 노래가 30여 개씩, 1919년 랑드뤼 스캔들, 1911년 보노 사건, 1907년 솔레이앙 사건, 1887년 프랑지니 사건, 1933년 비올레트 노지에르 사건을 다룬 노래는 20개가 넘었다. 파리의 거리에서부터 프랑스 전역의 마을에까지, 우편과 지방 가수들을 통해, 비올레트 노지에르 사건에 관한 노래가 담긴 인쇄물은 4만 부 이상 팔렸다. 반면 덜 유명한 사건의 노래가 담긴 인쇄물은 수십 부 팔리는 데

그쳤다.

'오리들'은 편집 형태와 판매량이 제각각이었을 뿐만 아니라 어조도 여론의 분위기에 따라 매번 바뀌었다. 특히 각종 스캔들이 터질 때면 본능에 충실하고 유대인을 경멸하는 최하층민의 입장을 대변했다. "아니오, 드레퓌스가 침착하게 답했다 / 장교님을 잘못 봤군요 / 저는 절대로 죄를 짓지 않았습니다 / 랍비께서 이미 확인해 주셨습니다"(11) 1933년 오스카 뒤프렌을 살해한 '팰리스 극장 살인사건'의 경우에 피해자가 동성애자라는 사실이 언론을 통해 은밀하게 공개되자, 이에 대한 이미지와 말장난이 포함된 노래가 대중들 사이에서 퍼졌다.

"모두가 의심을 받고 있네 / 당신을 체포하기를 바라네 / 선술집에서 / 투르느도를 주문했다는 이유로 (중략) 그는 바다의 사나이 / 이곳으로 숨어들어왔네 / 조용하고 은밀하게 (중략) 그는 몸을 숨기네 / 작은 구멍을 좋아하는 사람 (중략) 하지만 그것은 사실 / 동성애자는 두 명이라네"(12) 수많은 사건이 그렇게 '웃음거리'로 소비됐다. '연쇄살인범' 랑드뤼 사건을 담은 노래는 여성혐오증을 유머의 형태로 만들어 확산시켰다.

이런 류의 노래는 뉘앙스의 표현력에 따라 인기가 좌우됐다. '오리'는 무죄추정의 원칙도 무시한 채 사형집행인의 가족과 희생자의 가족을 비웃었다. '목동들의 살인자' 조세프 바셰의 죄를 뒤집어썼던 불쌍한 바니에는, 노래 때문에 더 큰 고통을 받았다. 한 변호사가 어떤 사람에게 사형을 면하게 해줬다. 그러자, 가족들이 이렇게 말하면서 기뻐했다고 한다. "노래의 주인공이 되지 않게 해주셔서 정말 감사합니다."(13)

그러나 양차 대전 사이에 이 인쇄물들은 신뢰를 잃었다. 독자들은 삽화가 담긴 매

(9) Arrêt [...] qui condamne à la peine de mort la nommée Louise Belin [...] Complainte à ce sujet 루이즈 벨랭에게 사형을 선고한 판결문, 이 주제에 관한 노래, 장소와 날짜 없음 [1820년경으로 추정].

(10) https://complaintes.criminocorpus.org

(11) A. d'Halbert, L'interroga-toire de Dreyfus [air : La Pa impolaise] 드레퓌스 심문(가락 : 라 팽폴레즈), Paris, 1899.

(12) P. Fiquet, 'Les degats de la marine', Paris, 1933

(13) <Le Petit Parisien>, 1887년 9월 4일.

거진들, 일례로 1928년부터 가스통 갈리마르가 실력 있는 작가들의 글을 모아 출간한 〈데텍티브(Détective)〉 등으로 넘어갔다. 제2차 세계대전을 기점으로 '오리들'은 감소하기 시작했고, 프랑스가 해방된 뒤로는 완전히 사라졌다. 그래도 1960년까지는 브르타뉴 지방의 시장과 툴루즈의 거리 등지에서 초판본이 간단히 판매되곤 했다고 전해진다. 그러나 이런 장르의 유행은 이미 지나갔다.

이 문화는 프랑스에만 있었던 것은 아니다.(14) '서푼짜리 오페라'에 나오는 유명한 '칼잡이 매키'는 베르톨트 브레히트가 어린 시절 아우크스부르크의 시장에서 들은 범죄에 관한 노래(Moritat)에서 가져온 인물이라고 한다. 영국에서는 이런 노래를 '머더 발라드(Murder ballad)'라고 불렀다. 스페인에서는 '맹인들의 로맨스(Romance de ciego)'라고 불렀는데, 이런 인쇄물을 주로 맹인들이 팔았기 때문이다. 이런 류의 노래는 남아메리카에까지 퍼져있었다. 독일에서는 뱅클쟁거(Bänkelsänger, 유랑가수), 이탈리아에는 칸타스토리(Cantastorie, 이야기가수)가 이런 류의 노래를 부르며 인쇄물을 팔았다. 이런 전통은 프랑스 외의 국가에서 더 길게 명

맥을 유지하기도 했다. 이탈리아의 공영방송국 RAI의 자료실에는 1960년대에 시칠리아의 광장에서 루키 루치아노(Lucky Luciano)를 부르는 칸타스토리들의 모습이 담긴 영상도 있다. 브라질에서는 악독한 범죄자들이 등장하는 노래를 떠돌이 가수들이 책자로 만들어 지금까지도 팔고 있다.

이런 노래들은 예술성과 대중성이라는 통상적인 기준에서는 벗어나 있지만, 사람의 마음을 움직인다. 사람들이 예배당을 방문하거나 거리시위에 참여할 때 느낄 법한 감정이다. 또한 듣는 이로 하여금 범죄와 관련된 의혹보다 사건 자체의 비극에 집중하게 만든다. 따라서 감정적 호소를 통해 집단 카타르시스를 제공한다. 전 세계의 뉴스를 홀로 접하고 소비하는 오늘날에는 찾아볼 수 없는 형태의 미디어다. **LD**

(14) Una McIlvenna, Singing the news of death. Execution ballads in Europe 1500-1900, <Oxford University Press>, 2022.

글·장프랑수아 막수 하인젠 Jean-François 'Maxou' Heintzen
역사학자이자 클레르몽 오베르뉴 대학교 공간문화역사센터(CHEC)의 객원 연구원. 저서로 『Chanter le crime. Canards sanglants & Complaintes tragiques 범죄를 노래하다. 피 흘리는 오리들과 비극적인 노래들』(Bleu Autour, Saint-Pourçain-sur-Sioule, 2022)가 있다.

번역·김소연
번역위원

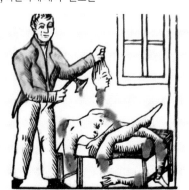

<범죄, 심판, 흥미로운 사건들>, 1838, 루앙, 목판화에 채색 - 블로켈

CRIMES, JUGEMENTS ET FAITS CURIEUX.

COUR DASSISES DE PARIS,
Assassinat d'une jeune fille par son amant.

Un homme coupé par morceaux.

<가을의 금강산>, 2006 - 손우영 _ 관련기사 60면

Corée du Nord

북한

<5월의 백두산>, 2008 - 최창호

창살 너머의 북한 예술가를 찾아서

2000년대, 예술 수집가들은 북한의 현대예술 시장이 개방될 것으로 전망했다. 아프리카, 아시아의 국가들이 만수대 창작사에 작품을 주문했다. 그러나, 유럽은 잠잠하다. 수백 명의 예술가들의 작업실인 이곳에, 지금까지 작품을 주문한 유럽 국가는 독일이 유일하다. 북한 예술가들의 작품은 서구인들의 취향에 맞지 않는 것일까?

코엔 드 세스터 ▍레이든 대학교 (네덜란드) 한국학과 교수

우리는 평양 중심가에 있는 만수대 창작사 내, 최창호의 작업실에 있었다. 함께 앉아 있던 최창호가 갑자기 일어났다. 그리고는 스케치 노트를 가지러 벽장을 향해 돌진했다. 예상치 못했던 그의 행동은 매우 인상적이었다. 우리는 '조선화'라고 불리는 북한 수묵화의 살아있는 거장을 만날 수 있으리라고는 기대하지 않았다. 일정에 없던 그 만남은, 가이드의 이벤트였다. 나의 공식 가이드는 자신의 인맥을 활용해, 그날 아침 우리가 깜짝 놀랄 만남을 준비했던 것이다.

1960년생인 최창호는 동아시아 전역에서 명성과 칭송을 누리는 북한 산악지대의 압도적이고 장엄한 풍경에 대해 이야기했다. 최창호의 이야기에는 그가 태어난 북부지역의 거친 산지에 대한 깊은 애착이 묻어났다. 그는 그 지역의 거친 기후가 그곳에 적응해 살아가는 주민들의 강인함과 완고함 속에 어떻게 드러나는지 진지하게 설명했다. 그는 또한, 자신이 그 모든 것에 앞서 그리기를 좋아하는 대상은 그의 가족이 속해있는 노동자 계급이라고 했다. 그는 자신의 스케치 노트를 펼치고는,

자신의 진정한 열정을 우리에게 보여주고자 했다.

만수대 창작사는 북한 예술창작의 중심지다. 1959년에 설립된 이곳에 천여 명의 예술가들이 작업을 하고 있다. 여기에 3천여 명의 '예술노동자들'이 추가된다. 이들은 회화 위에 자수를 놓거나 조각, 모자이크, 기념비적 예술품 제작 등, 상상할 수 있는 모든 예술적 테크닉을 구사하는 예술 기능인들이다.

북한에서 예술가로 산다는 것

몇 개월 전, 그는 전시회 준비를 위해 한 예술가 집단의 수장이 돼 중국의 북동쪽에 위치한 만주 지방에 전시회 준비를 위해 파견됐다. 그는 그 신성한 땅을 밟으며, 조국을 짓밟은 일제에 맞선 1930년대 '빨치산들의 투쟁'을 떠올렸다.(1) 그는 당시 항일투쟁을 벌이던 유격대원들의 삶을 상상하며, 게릴라 전투를 벌이던 그들의 삶과 동지애를 묘사하는 연작(작품 시리즈)을 시작했다. 그들의 치열한 투쟁과 시련, 그리고 시련 속에서 더욱 돈독해지던 동지애는 오늘날 북한 인민들의 정체성

<조선 호랑이>, 2003 - 리률선

을 형성하는 공통의 기억이다.

북한의 수도, 평양 한복판에 자리잡은 만수대 창작사는 계속 확장돼왔다. 이곳은 노동당 총비서 김정은과 노동당의 직속 관할 하에 있다. 정부는 평양 지하철 장식에서부터 만수대 위에 서 있는 지도자의 동상 건립에 이르기까지, 주요 공공예술품을 소속 작가들에게 주문한다. 만수대 창작사에서 급여를 받는 소속 작가 최창호 역시, 그렇게 주문받은 작업들을 수행한다. 그러나, 그가 우리에게 보여준 일련의 스케치들은 주문받은 작업들과 무관한 것들이다.

그 주제와 기억은 최창호에게 매우 중요한 의미로 다가왔고, 그는 몇 년에 걸쳐 그것을 형상화하는 작업에 헌신했다. 그는 밤새 스케치북을 검게 채워 갔다. 다른 작가들이 시내를 산책하는 동안에도, 그는 호텔에 남아 그림을 계속 그렸다. 나는 이날 최창호와의 짧은 만남을 통해, 북한에서 예술가로 산다는 것이 어떤 의미인지 통찰할 기회를 얻었다. 이 만남은 20년간의 연구를 통해 습득했고, 2018년 여름 현상 연구를 통해 마무리된 북한

에서 예술작업에 대한 이론과 실제를 확인하게 해줬다. 우리는 당시 네덜란드의 사진작가 앨리스 윌리, 만수대 창작사와 평양 미술대학의 몇몇 예술가들과 함께 작업 했다.(2)

최창호의 예술 주제는 지극히 즉흥적이고 본인의 신심이 발휘된 것이지만, 공공예술이라는 이론에 의해 정의된 위계의 틀 안에 뿌리내린, 즉 태생적 조건 하에 갇힌 것이기도 하다. 그리고, 그 위계의 제일 꼭대기엔 수령의 초상화들이 자리하고 있다. 이는 김씨 일가의 자손들을 북한 혁명의 역사적 지도자이자, 인민의 사랑을 받는 건국의 아버지, 조국의 영원한 수호자로 만들어 주는 인물의 우상화 작업의 핵심 요소다.

현대성과는 동떨어진 북한 예술

이 초상화들은 역사적 회화들, 혁명적 과거 그리고 그것들과 밀접한 지도자의 전기들로 구성돼 있다. 역사적 장면에는 항일 게릴라전투 장면과 "반제국주의 조국해방전"(1950~1953년 일어난 한국전쟁을 지칭)의 장면뿐 아니라, "노동자의 낙원" 건설을 묘사하는 장면들도 담겨 있다. 후자는 당과 정부에 의해 설계된 국가적 정체성을 시각적으로 환기시키는 역할을 수행해왔다.

소위 '주제화'라 불리는 '주제 의식을 담은 회화들'은 권력이 예술에 부여하는 교육적 기능에 가장 잘 부합하는 것이었다. 여하튼, 이런 회화들은 순수한 역사적 교훈을 재구성하는 것과는 거리가 멀다. 그보다는 감정으로 채색된 기억들을 환기시키는 것에 그 목적을 둔다. 학교의 교육 프로그램, 신문, 대형 스크린에 나오는 드라마, 소설 혹은 공공장소를 장식하는 기념물과 모자이크에서까지 핵심적 위치를 차지하는 것이 바로 이런 추모의 서사다. 이를 통해 감정에 물든 기억을 일깨우는 것이 이들의 목표다.

이는 역사적 사건의 진정한 현재적 의미를 밝히는 것이기도 한데, 이는 적절한 시간적 여백과 "올바른" 이데올로기적 조명 하에서만 판독될 수 있다. 북한 권력이 정의하는 북한 예술의 이론에 따르면, '존재에 대한 적절

한 사고'를 가진 예술가여야 이런 예술작품을 생산할 수 있다. 그렇기에, 엄격한 이데올로기적 훈련을 받은 후에야, 직업 예술가의 지위에 근접할 수 있다는 것이다.

이는 어린 학생들의 유연한 정신에 예술가의 인민, 당, 지도자에 대한 '사회적 책임'의 개념을 장착시키는데 그치지 않고, 당의 노선을 전파하기도 한다. 대중에게 현실에 대한 '정치적으로 올바른 해석'을 제공한다는 예술가의 의무를 수행하려면 이 노선을 완벽하게 습득해야 한다. 우리는 예술가 오은별에게 한 가지 주문을 했다. 북한 예술가로서의 자신을 그림으로 표현해 달라는 것이었다. 그러자, 오은별은 국가에서 주관하는 사건들을 실시간으로 그림을 통해 논평하는 자신의 모습, 기록자로의 자신을 그려냈다. 그리고는 '근로 노동자 대중'들이 실제 작업을 진행하는 동안, 그것을 그림으로 기록하는 자신을 대상화하는 기묘한 심정에 대해 털어놓았다.

예술가의 재능은 사회적 역할을 위한 것

오은별의 그림이 보여주듯, 북한 예술은 '객관적인 현실'을 다룬다. 또한 민중의 감상과 감정을 예술을 통해 반영하는 것을 사명으로 삼는다. 이른바 '자유로운 예술'과는 단호하게 거리를 둔다. 〈자유 예술〉은 자기중심적이며 자기 표현에 치우친 예술로 간주된다. 이런 점에서, 북한 예술은 현대성과는 거리가 멀다. 북한 정권이 탄생할 때, 새 정부는 그들의 멘토이자 영감의 원천이던 소비에트 연합의 사회주의 리얼리즘의 전통을 온전히 제 것으로 취했다. 모든 사회주의 혁명의 정점에 해당하는 시도인, 가슴과 정신을 혁명하게 하라는 사명을 부여받은 예술과 문화는 이들에게 선전과 선동의 필수 도구다. 북한 정권은 이런 사실을 감추지 않는다. 아니, 오히려 자랑스럽게 여긴다.

이런 성격의 예술이 작가에게 개성을 발휘할 여지를 준다는 것이, 의아하게 느껴질 수 있다. 그러나, 정해진 목적에 도달하려면 예술작품은 시각적으로 탁월해야만 한다. 이는 뛰어난 예술가들만이 도달할 수 있는 경지다. 바로 이것이 북한의 예술 교육이 두 가지 핵심 요소

에 기반하는 이유다. 그 첫 번째는 기하학, 원근법, 연필 데생, 생물 데생, 색채, 구도 등 예술가라는 직업인의 기초를 엄격히 가르치는 고전적 훈련 체계다. 두 번째는 미학, 철학, 예술사(북한, 세계) 등 이른바 이론 교육이다.

예술가는 자신만의 개인적 표현력을 발전시키기 위해 우선 확립된(동시에 허락된) 스타일과 테크닉들을 두루, 완벽하게 습득해야 한다는 것이 북한 예술 교육의 기본 바탕이다. 그들의 작업이 캔버스에 오일로 그리는 유화이든, 보다 전통적인 방식인 종이 위에 먹으로 그리는 묵화이든 말이다. 이런 식의 예술가 훈련은 언어 습득에 비유할 수 있다. 일단 하나의 언어를 완벽하게 습득한 후에야, 예술가는 자신만의 목소리를 찾을 수 있다는 것이다.

인기는 주제화, 풍경화, 풍속화, 정물화 순

교육을 통해 예술의 사회적, 정치적 역할에 대해 숙지하고 사회가 자신에게 부여한 의무에 대해 인식한 예술가는, 관객에게 다가가고 그들을 감동시키기 위한 방법을 찾아나선다. 이런 목표에 다가가기 위해, 예술가는 관객에게 익숙한 시각적 문법에 자신의 스타일을 맞춘다. 성공하려면 정해진 규범을 준수해야 한다. 절대 규범을 위반하고 다른 길을 가서는 안된다. 창의성은 이런 틀 안에서만 표현될 수 있다. 예술가의 창조성이 기여하는 바는, 자신의 경험에서 얻은 관점을 관객에게 제시하는 것에서 찾을 수 있다. 특정 주제에 바쳐진 그림이든, 풍경화든, 정물화든, 궁극적인 예술의 목표는 인민의 존재

<건설현장에 동원된 돌격대원 데생>, 연대미상 - 리석남

<꽃처녀>, 2012 - 김은숙

에 흥을 돋우는 데 있다.

물론, 예술가들은 주어진 틀 안에서 작업의 주제를 자유롭게 선택할 수 있다. 만수대 창작사 소속 예술가들처럼, 특별한 주문을 받는다거나 집단적인 작품 생산에 참여하는 경우가 아니라면 말이다. 어떤 작가들에게는 그것이 농장에서 땅을 일구며 일하는 농부들이나, 거대한 공사장에서 일하는 노동자들의 모습을 몇 달 동안 그리는 일이다. 또 다른 작가들에게는 자연의 정취에 압도돼 그 수려함을 묘사하거나, 정물을 세밀하게 재생해내는 작업이 되기도 한다.

어떤 예술가들은 특정한 기술을 발견하고 발전시키는 것에 주력하기도 하고, 또 어떤 예술가들은 역사의 중요성을 인민들에게 알리는 것에 주력하기도 한다. 각각

의 예술가가 자신의 재능을 발전시키고 표현하는 방법이 어떻든, 북한 예술가들은 자신의 모든 재능을, 그들에게 부여된 예술가의 사회적 역할 수행에 바쳐져야 함을 인식하고 있다.

침략자 일제에 저항하는 빨치산 투쟁에 관심을 기울인 최창호의 결정도 이런 맥락에서 해석할 수 있다. 김일성의 지도자로서의 정당성과 절대적인 자치 이데올로기(주체사상)를 바탕으로 한 이런 에피소드는, 인민들이 어려움 속에서도 노력하도록 고취시키는 선동도구로 종종 이용된다. 예술가는 이런 감수성을 대중과의 소통을 위해 활용하는데, 이는 정치적 기회주의로서가 아닌 개인적 선택에 의해 이뤄진다. 예술가가 빨치산 전사들에게서 느끼는 단순하고도 직접적인 동지애와 동일한 진

<삼지연의 자작나무 길>, 2004 - 박화선

실성은 그가 광부나 제철 노동자 등 현재의 노동자 계급 전체에 대해서 느끼는 바이기도 하다. 그의 깊고 선율을 띤 목소리, 신중하게 단어를 고르는 말투, 그의 차분함, 화려한 의복에 대한 경멸, 그의 개성을 만들어내는 이 모든 것들은 그의 작품 속에 고스란히 드러난다.

그 자신이 인정하듯, 섬세한 꽃으로 가득 채워진 꽃병을 그리는 것은 그의 스타일이 아니다. 이런 작품들이 북한 예술에서 엉뚱한 존재로 간주되는 것은 아니지만, 특이하게도 주제에 따른 위계질서가 존재한다는 측면에서, 또 다른 면에서도 북한 예술은 19세기 유럽의 아카데미 예술을 연상시킨다.

북한 예술계의 규율에 따르면, 주제화(특정 주제에 바쳐진 회화)가 가장 인기가 많고, 그다음이 풍경화, 풍속화, 정물화 (화조도 류의) 순으로 인기의 순위가 구분된다. 첫 번째 카테고리(즉, 주제화)는 그것이 지니는 교육적 목적과 이데올로기적 무게로 미술 이론에서 불균형한 위치를 차지하며, 막강한 위치를 점하지만, 풍경이나 자연을 그린 그림도 적지 않은 부분을 차지한다.

예술은 존재를 아름답게 꾸며주고 민중의 미적 교육을 담당하는, 보다 평범한 목적도 지니기 때문이다. 여기서 예술적 판단은, 서로 밀접하게 연결돼 있으면서 끊임없이 상호작용하는 작품의 사상적 측면과 동시에 미학적(사상 예술성) 측면에 근거해 설정된다. 전원의 목가적 풍경을 담은 작품들은 애국심을 고양시키도록 돼 있고, 선명한 색깔로 표현된 정물화들은 땅에서 수확한 농산물의 풍요로움을 찬미하는데 바쳐진다. 한편, 풍속화, 풍경화, 정물화들은 역사 예술적 문화유산에서 그 소재를 취하기도 한다.

스케치북을 한 장씩 넘기며, 최창호는 죽는 날까지 그림을 그려도 될 만큼 그릴 재료가

<물총새>, 2004 - 김상직

충분하다는 사실을 우리에게 알려줬다. 크로키로 된 밑그림이 회화로 완성되기까지는 3~4년이 족히 걸린다. 그림은 작가가 전달하고자 하는 감정을 정확하게 포착할 수 있도록 섬세하게 구성되고, 일관된 설득력을 지닌 작업이다. 그렇게 태초의 생각을 정제해 구현한다. 시각적인 매력을 위해, 예술가는 작품이 표현되는 시대에 대해 조사해야 한다. 또한 작품의 지리적 틀에도 익숙해져야 하며, 적절한 인물들을 모델로 찾아야 한다. 그 과정에서 그가 수집한 인상들과 에피소드들은 그림의 현실적 측면에 기여한다. 또한 그의 상상력을 풍요롭게 하고, 머릿속에서 구상하던 작품의 윤곽을 보다 선명하게 만든다.

실수나 정정을 허용하지 않는 황금새장

연구에 연구를 거듭할수록, 그림의 구상은 점점 명확해지고, 마침내 종이에 물감을 칠할 정신적 준비가 갖춰지기에 이른다. 이젠 모든 것이 집중, 관심, 확신에 찬 동작의 문제다. 조선화는 실수를 용납하지 않기 때문이다. 유화와 달리, 조선화는 그 어떤 실수나 정정도 허용하지 않는다. 붓이 종이를 건드리는 순간, 붓은 물 흐르듯 그대로 움직여야만 하는 것이다.

북한의 전문 예술가들은 미클로스 하라츠티(Miklos Haraszti)가 사회주의 정권 하의 헝가리 예술가들에 대해 묘사한 것과 비슷한 황금 새장 안에 갇혀 진화해왔다.(3) 그들은 다른 인민들보다 훨씬 혜택을 받으며 안락한 특권층의 삶을 누린다. 김정은이 자신을 예술에 대한 궁극의 수호자로 설정하고, 그 의무를 이행하는 것은 예술가들에 대한 사회적 인정과 물질적 풍요의 원천이다. 자신의 작업실이 국가가 주문한 작업을 위한 것이라는 현실을 제외하면, 북한의 직업예술가들은 대체로 안정적인 삶을 영위하며, 창의성을 개발할 수 있는 여가시간을 누린다. 물론, 규정이라는 '황금새장' 안에서 말이다.

황금새장 안에 갇혀있을 뿐, 이들이 서구의 예술가들보다 예술에 덜 헌신적이거나 덜 열정적이지는 않다. 그들과의 만남을 통해, 작가들의 기질과 성격이 자신들이 선택한 작품과 주제, 그것을 다루는 방식을 통해 투명하게 드러난다는 사실을 이해할 수 있었다. 이들의 작품은 현재의 국제적 예술 운동과 단절된 측면이 있을 것이다. 그러나, 그런 점이 그들의 재능과 그들의 예술이 지니는 중요성을 덜어내지는 않는다.

북한이 종종 국제사회에 대한 하나의 위협일 뿐인 존재로 간주되고, 주류 미디어들은 북한 지도자의 거짓된 태도에 초점을 맞추는 국제적 맥락 속에서, 우리는 그 어떤 구체적 논의도 없이 표적화된 제재의 체제에서 일반화된 제재 체제로(4) 건너뛰는 우를 범할 수 있다. 그런 일이 없으려면, 우선 대화가 절실해 보인다. 창살 너머의 북한 예술가들을 바라보며, 그들과 대화를 시도해야 한다.

글·코엔 드 세스터 Koen de Ceuster
엔지니어, 교사, 작가. 최신작으로는 질 클레망이 서문을 쓴 『Des plantes et des hommes 식물과 인간』, éditions du Canoé, Paris, 2023이 있다.

번역·정수리
번역위원

(1) 한국은 1910~1945년 일본에 의해 식민통치를 당했다. 다양한 정파의 독립군들이 일제에 저항할 때, 북한에서는 김일성(1912~1994)과 만주에서 활약하던 그의 빨치산 부대가 가장 큰 공을 세웠다고 주장한다. 북한 정부가 주장하는 공식 서사에는 김일성이 일제의 억압을 피해 1940년 말부터 소련에 있었고, 조선이 해방된 후 4주 만에 소련에서 배를 타고 귀환했다는 사실이 빠져있다.
(2) Koen De Ceuster, "Les cadres idéologiques et pratiques d'un terrain en Corée du Nord 북한 현장의 이념적, 실천적 틀" Valérie Gelézeau 와 Benjamin Joinau 의 다음 공저서에서 인용, 『Faire du terrain en Corée du Nord. Écrire autrement les sciences sociales 북한에서 현장 일구기, 사회과학 다르게 쓰기』, Atelier des cahiers, Paris, 2021년.
(3) Miklos Haraszti, 『L'Artiste d'État. De la censure en pays socialiste 예술가와 정부. 사회주의 국가에서의 검열에 관해』, Fayard, Paris, 1983년.
(4) 유엔안전보장 이사회는 2016년 북한의 4번째 핵실험 이후 대북 제재를 광범위하게 확대했다. 한인사회 발전을 위한 노둣돌(뉴욕에 거주하는 한인의 최대 규모의 진보적 비영리 비정부 단체로 다른 도시에도 있음), <The Impact of Sanctions on North Korea>, 유엔 인권 고등판무관 사무소, 2021년 3월, www.ochcr.org

다가오는 대규모 재앙

국가가 환경오염의 주범들을 보호할 때

프랑스 정책 당국은 경제회복과 고용창출에만 급급한 나머지, 환경과 보건은 제쳐둔 채 산업발전에만 주력하고 있다. 이런 태도는 프랑스 서부지역 상황처럼 산업현장 감시 소홀, 솜방망이 처벌, 규제 미적용, 환경오염으로 인한 국민들의 고통으로 나타난다.

뱅자맹 페르낭데즈 ▌기자

배한 척이 루아르강 어귀를 미끄러지듯 지나간다. 뱃머리에는 프랑스 대통령이 타고 있다. 2022년 9월 22일, 에마뉘엘 마크롱 대통령은 생나제르 해변에 위치한 프랑스 최초의 해상 풍력발전단지 완공식에 참석했다. 카메라 앞에 선 대통령은 '환경 주권' 실현을 위한 '프랑스의 야심찬' 프로젝트를 홍보했지만, 그 뒤로는 뿌연 안개에 가려진 공장 굴뚝들이 희미하게 드러나 있었다.

'토탈'의 정유공장, '엘렌지'의 액화가스 터미널, 코르드메 화력발전소, '라바 프로텍'의 항공기 외장재 공장, 거대 농산물 가공기업 '카길'과 세계 1위 화학비료 기업 '야라'의 공장 등 온갖 공장들이 루아르강 상류에 즐비하다. 루아르아틀랑티크주 내 260여 개 공업단지는 환경오염 및 사고에 대한 위험이 높은 '환경보호 대상시설(ICPE, Installation Classée pour la Protection de l'Environnement)'이다. 이들 중 9개는 사고위험이 매우 높은 '세베소(Seveso)' 등급이다.(1)

특히, 야라의 공장에서는 질산과 질산암모늄을 원료로 하는 합성비료를 매년 60만t씩 생산한다. 이 두 물질은 2020년 8월 레바논 베이루트항 폭발사고의 원인이기도 하다. 프랑스 생태전환부 장관은 몽투아드브르타뉴에 위치한 이 공장을 '감시강화' 대상 13개 산업단지 목록에 포함시켰다. 야라의 공장에서는 2022년에 질소와 인 60t을 루아르 강으로 흘려보냈고, 독성 분진 200t을 공기 중에 내보냈다. 페이드루아르 지역환경정비주거청(DREAL, Direction Régionale de l'Environnement, de l'Aménagement et du Logement)장은 2020년부터 11번에 걸쳐 야라에 "오염물질을 줄여라"고 요청했지만 아무런 소용이 없었다.

결국 2023년 1월, 루아르아틀랑티크 주지사는 크리스토프 베쉬 생태전환부 장관의 주도로 새로운 법령을 제정했다. 야라가 현행 법규를 지키지 않을 때마다 하루에 벌금 300유로(한화로 약 43만원)씩 부과하기로 한 것이다.(2) 2022년에 전 세계적으로 27억 유로(한화로 약 3조 8,420억 원)의 이익을 낸 다국적 기업에게는 가소로운 수준이다. 동주(Donges)지역 위험관리협회(3)의 활동가 마리알린과 미셸 르클레르는 안타까운 목

(1) 1976년 이탈리아 북부 도시 세베소(Seveso)의 한 공장에서 발생한 유독성 화학물질 누출사고로 수많은 주민들이 화상을 입거나 피부병에 걸렸고, 가축 수만 마리가 죽었다. 이후 EU에서는 유사한 사고 및 환경 재난을 막기 위한 '세베소 지침'을 만들었다.(-역주) 'Géorisques' 사이트 자료, https://www.georisques.gouv.fr

(2) 지난 6월 12일, 생나제르 부주지사는 2021년 10월부터 2022년 12월까지 부과된 벌금의 일부 금액인 51만 9,000유로를 청산하라는 행정 명령을 내렸다. (Frédéric Salle, 'Pollution. Amende record pour le fabricant d'engrais Yara France, près de Saint-Nazaire 환경오염. 생나제르 근처에 위치한 비료 제조업체 야라 프랑스에 부과된 전례 없는 벌금', <Ouest-France>, Rennes, 2023년 6월 13일.

(3) ADZRP, Association Dongeoise des Zones à Risques et du PPRT(Permanency Planning Review Team: 지속성에 대한 계획을 수립하고 검토하는 팀)

산업 위험 지리적 집중도

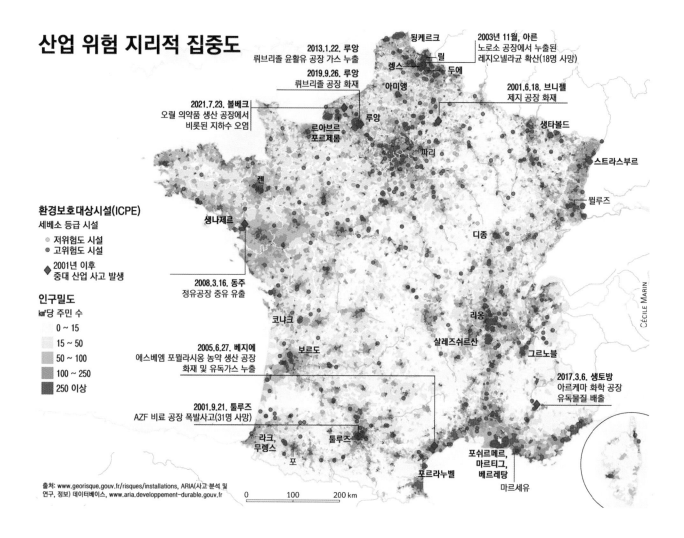

2013.1.22. 루앙
뤼브리졸 윤활유 공장 가스 누출

2019.9.26. 루앙
뤼브리졸 공장 화재

2003년 11월, 아른
노로소 공장에서 누출된
레지오넬라균 확산(18명 사망)

2001.6.18. 브니젤
제지 공장 화재

2021.7.23. 볼베크
오릴 의약품 생산 공장에서
비롯된 지하수 오염

환경보호대상시설(ICPE)

세베소 등급 시설
- ○ 저위험도 시설
- ● 고위험도 시설
- ◆ 2001년 이후
중대 산업 사고 발생

인구밀도
㎢당 주민 수
- 0 ~ 15
- 15 ~ 50
- 50 ~ 100
- 100 ~ 250
- 250 이상

2008.3.16. 동주
정유공장 중유 유출

2005.6.27. 베지에
에스베엠 포뮐라시옹 농약 생산 공장
화재 및 유독가스 누출

2001.9.21. 툴루즈
AZF 비료 공장 폭발사고(31명 사망)

2017.3.6. 생토방
아르케마 화학 공장
유독물질 배출

됭케르크, 릴, 두에, 랭스, 아미엥, 루앙, 르아브르 포르제롬, 파리, 렌, 생나제르, 코냐크, 보르도, 라크 무렝스, 포, 툴루즈, 포르라누벨, 포쉬르메르 마르티그 베르레탕, 마르세유, 생타볼드, 스트라스부르, 뮐루즈, 디종, 리옹, 살레즈쉬르산, 그르노블

CÉCILE MARIN

출처: www.georisque.gouv.fr/risques/installations, ARIA(사고 분석 및 연구, 정보) 데이터베이스, www.aria.developpement-durable.gouv.fr

0 100 200 km

소리로 말했다. "주지사는 이 법령으로 기업에 유예기간을 준 셈이다. 직원, 주민, 환경을 위협하는 기업에 맞설 긴급조치가 없다." 그럼에도 야라는 국가의 이 결정이 "합당하지 않고", "행정적 집착"이라며 낭트 행정법원에 소송을 제기했다.

사실, 프랑스에서는 오랫동안 국가가 전략산업들을 직접 경영했다.(4) 그러나 1986년 우파가 재집권하면서, 건축자재 기업 생고뱅부터 국영 석유화학기업에 이르기까지 유례없는 민영화 바람이 불었다. 르노 베코, 마리 기, 안 마르샹 교수는 "국가는 이들 기업에서 자본금을 회수하면서 감독 권한도 포기했고" 이 때문에 "산업 생산 분야에서 직업적, 환경적 위험성을 간과하게 만드는 하청과 고용불안정 등이 심화됐다"라고 설명했다. 게다가 민영화 이후 경영진들은 위생 및 안전 관련 노조위원회에 공격적인 태도를 보이기 시작했다. 지금까지 위원회에서는 정보 전달 및 생산 관련 중요 조치 시행 등에 핵심적 역할을 수행해 왔다.(5) 하지만 2017년 일명 '마크롱' 법령에 따라 위원회들은 폐지됐다.

같은 시기, 토탈이 사우디아라비아와 브라질에 공장을 건설한 것처럼 생산업체들은 세금 등에서 규제가 약한 국가들로 위험요소들을 이전했다. 결국 프랑스에서는 2000~2016년 약 100만 개의 일자리가 사라

(4) Justin Delépine, 'Comment les privatisations ont accéléré la désindustrialisation 민영화는 어떻게 탈공업화를 촉진시켰나', 2023년 6월 19일, www.alternatives-economiques.fr

(5) 'Pour un décloisonnement scientifique de la santé au travail et de la santé environnementale 직장 내 보건과 환경 보건의 과학적 장벽 제거를 위해', Sociétés contemporaines, Paris, 2021년 1월.

(6) 'Les politiques industriell es en France - Évolutions et comparaisons internation ales 프랑스의 산업 정책 - 변화 및 국제 사례 비교', France Str atégie, Paris, 2020년 9월.

졌다.(6) 이에, 정부는 민간기업들의 공장 해외이전을 막고 이전한 공장들을 프랑스로 재이전하게 하는 데 막대한 공공자금을 지원하기로 결정했다. '프랑스 투자계획 2030'에 따라 5년에 걸쳐 540억 유로(한화로 약 76조 9,020억 원)의 보조금이 기업들에 지급된다. 또한, 정부는 규제가 기업활동을 위축시키지 않게끔 조절하기로 했다.

국민 건강과 환경보다 기업 이익이 우선

지난 5월 11일, 마크롱 대통령은 기업 보호를 위해 유럽연합의 환경관련 규제 제정 '중지'를 촉구했다. 이런 대통령의 발언에 수많은 반응이 쏟아졌다. 역사학자 토마 르루는 다음과 같이 정부의 불합리한 행태를 비판했다. "국가는 지난 20년 동안, 국민 건강과 환경보다 기업 이익을 우선시해왔다." 게다가 역대 정부들은 경영인들의 압박에 못 이겨 '행정 절차를 간소화'하기까지 했다. 정부는 2009년에 ICPE 등록 절차를 도입했는데, 허가와 신고의 중간 성격을 지닌 이 등록 제도로 인해 허가 의무 공장 수가 1/3로 줄었다. 게다가 제3자 및 환경보호 단체의 이의제기 기한도 4년에서 4개월로 단축됐다. 2016년에는 일부 시설 관련 환경영향평가가 유보됐고, 2018년에는 공개조사 절차도 간소화됐다.(7)

토마 르루가 언급한 '산업체 처벌 면제' 역시 국가의 업무 관행에서 비롯됐다. 산업시설 운영자가 범법 행위를 저지르면, 지역 환경정비주거청의 조사관들은 해당 지역 주지사의 재량에 따라 행정처벌을 권고하거나, 형사처벌을 위해 검찰에 제소할 수 있다. 하지만 법정에는 사건이 넘쳐나므로, 조사관들

(7) Antony Burlaud, Allan Popelard, Grégory Rzepski (dir.)의 『Le Nouveau Monde. Tableau de la France néolibérale. 새로운 세계. 신자유주의 프랑스의 초상』 중 Thomas Le Roux, 'L'industrie du risque 위험한 산업', Éditions Amsterdam, Paris, 2021년.

의 열정은 고운 시선을 받지 못한다. 그럼에도 뜻을 굽히지 않는 일부 조사관들은, 보건이나 환경보다 고용창출을 중시하는 상사에게 탄압을 받게 된다. 익명의 한 조사관은 씁쓸한 표정을 지으며 말했다. "우리는 일을 제대로 하고 싶다. 하지만 우리가 모든 수단을 동원해도, 주지사의 동의 없이는 소용이 없다. 정계와 산업계가 유착되면 정당한 일처리가 불가능하다."

전국 산업 및 광업 엔지니어 노조(SNIIM, Le Syndicat National des Ingénieurs de l'Industrie et des Mines)는 산업체 감독 권한을 자율성이 보장된 독립기관에 위임해야 한다고 주장한다. 수많은 노조원들의 증언처럼, 주지사가 경제 회복을 구실로 조사과정에 상당한 압력을 넣기 때문이다. 루아르아틀랑티크 8선거구 국회의원인 바티아스 타블(LFI당)은 "공무원들과 기업들 간의 유착관계 때문에, 공중보건보다 기업의 이익이 우선시 된다"라고 지적했다. "사람들은 자신이 사는 곳에 공장을 세우는 것을 반대할 수밖에 없다. 위험하기 때문이다. 국내에도 산업체는 필요하고, 재이전을 추진해야 한다. 그러나, 공장가동 및 설치조건은 개선해야 한다. 우리 지역은 에너지 전환의 모범사례가 될 조건을 갖추고 있다."

지역환경정비주거청(DREAL)의 한 조사관은 "정부의 경제부양계획에 따라 행정기관은 경제 관련 연구만 재촉했고, 기업들은 정부에 빠른 허가를 내주도록 압박했다"라고 설명했다. 2001년 툴루즈 화학공장 폭발사고 당시 발생한 자연재해 때문에 산업체 현장 검사 빈도가 늘어났지만, 2007년 2만 8,500건에서 2018년 1만 8,200건으로 현재는 감소 추세다. 2019년 루앙 뤼브리졸 공장 폭발사고 이후, 생태전환부에서는 검사 횟수

를 50% 이상 늘리겠다는 목표를 세웠지만, 추가적인 재원이 부재한 까닭에 '검사시간 단축'이라는 부작용을 낳고 말았다.

50만 개의 ICPE 시설들을 감독하는 조사관 수가 1,600명 남짓이다. 퇴직한 한 조사관이 털어놓았다. "조사관들은 세베소 등급의 초대형 시설들을 점검한다. 주유소 등 신고대상 시설들을 포함해 중간급 시설들은 실상 방치 상태다." 신고대상 시설 점검은 민간 하청업체나 산업체 자체에서 맡는 경우가 많다는 것이다. 지역환경정비주거청(DREAL) 조사관은 "하지만 자가점검 원칙은 어불성설"이라고 지적했다. 그리고 "업체에서 알리지 않는 한 문제가 드러나지 않기 때문이다. 큰 사고가 난 후에야 문제가 있었다는 사실이 알려지는 것"이라고 설명했다.

"단순신고 대상으로 바뀐 업체들은 감시망에서 벗어난다. 그런데 이들은 공중보건에 치명적인 잔류성 오염물질을 배출한다. 우발적 위험과 만성적 위험 예방, 환경오염 방지를 균형 있게 이행해야 한다. 그러려면 법규를 준수하지 않는 시설을 단속할 권한이 주어져야 하지만, 환경부 소속임에도 우리가 결정할 수 있는 제재 수위는 너무나도 약하다. 이는 정치적 우선순위의 문제다."

한 고위공무원도 "환경법 위반 사례를 수없이 목격한다"라고 털어놓았다. "그런데 기업들이 법규를 위반해도, 장관들은 정부의 원칙에 따라 입을 다문다. 정말 힘든 상황이다." 지난 1월, 베쉬 생태전환부 장관이 야라 문제에 공식 개입한 일은 정부의 적극성을 보여줬다. 하지만 생태전환부가 발표한 2023~2027년 ICPE 관리 전략 방향을 살펴보면, 일부 기업들은 재정적 책임을 면제받는다. 즉, 법규 불이행을 대비한 보증금을 준비하지 않아도 되는 것이다. 이 보증금은 환경법(R.516-1항)에 규정된 사항임에도 "경영인들에게는 너무 큰 금액이고, 대상시설 감독 면에서는 과도한 행정적 부담"이라는 게 이유다.(8)

"당신들이 아픈 건 술과 담배를 즐긴 탓"

대규모 화재가 발생할 경우, 기

(8) https://www.ecologie.gouv.fr

(9) Luc Laborde, 'Prévention du risque incendie : enjeux et principes 화재 위험 예방: 쟁점과 원칙', <Hygiène et sécurité du travail>, Paris, 2019년 6월, n° 255.

(10) Anne Thuret, Christine De Peretti, Isabelle Grémy, '20 ans de santé publique. Évolution de l'état de santé depuis 20 ans : l'évolution de la surveillance épidém -iologique des maladies ch roniques au cours des vin -gt dernières années 공중보 건 20년. 20년에 걸친 보건 상 태의 변화: 지난 20년 동안 만성 질환에 대한 역학 감시의 변화.', <Actualité et dossier en sa -nté publique>, Paris, n° 80, 2012년 9월. Cf. 'Cance rs : les chiffres clés 암, 중 요한 수치', 국립암연구소, 2023.2.13, https://www.e-cancer.fr

(11) 'La santé des habitants de la Carene. Communau té d'agglomération de la ré gion nazairienne et de l'est uaire 생나제르 및 하구 지역권 주민들의 건강', 페이데루아르 지역보건관측소(Observatoi re régional de la santé des Pays de la Loire), Nantes, 2019년 9월.

(12) 'Saint-Nazaire. Pour le sous-préfet, ce n'est pas la pollution qui cause le cancer 생나제르 부주지사, 암 의 원인은 환경오염이 아니다', <Presse Océan>, Nantes, 2019년 12월 6일.

(13) Evelyne Pieiller, 'Résilience partout, résistance nulle part(한국 어판 제목: '넛지 유닛'과 회복 력), <르몽드 디플로마티크> 프랑스어판, 한국어판 2021년 5월호.

업들 중 70%는 회복이 불가능하다.(9) 이런 사례를 통해 민간 기업들의 위험에 대해 지 자체가 부담해야 하는 비용의 규모를 가늠해 볼 수 있다. 산업분야 사건 및 사고에 대한 공 공 데이터베이스인 아리아(Aria)에 따르면, 2021년 ICPE 시설에서 1,571건의 '이벤트'가 발생했고, 사건ㆍ사고 또는 악화된 상황으 로 말미암아 매해 여러 명의 사망자와 많은 부상자가 생겼다. 프랑스에서 연간 신규 암 환자 발생 수는 1980년 17만 건에서 2018년 38만 2,000건으로 증가했다.(10) 그럼에도 산업체들이 배출하는 수많은 물질들 가운데 관리 대상 물질의 수는 아주 미미하다. 2019 년 9월, 페이드루아르 지역보건관측소가 발 표한 한 보고서에 따르면, 생나제르 유역 주 민들 중 65세 이하 사망률은 전국 평균 대비 28% 이상 높았다. 주된 사망원인은 암과 호 흡기 질환이었다.(11) 생산노동자 비중이 전 체 주민의 약 2/3인 한 지역에서는 남성의 초과사망률이 38%에 달했으며, 석면으로 인 한 재앙도 겪었다.

미셸 베르귀 생나제르 부주지사는 생나 제르 유역에 거주하는 빈곤층의 비위생적인 생활환경을 언급하며 즉각적으로 보고서의 결과를 폄하했다. "암의 원인은 산업오염이 아니다. 술과 담배다."(12) 부주지사의 이런 발언에 대해 야니크 보그르나르 루아르아틀 랑티크 상원의원(PS당)은 "보고서에 따르면 이 지역 아동 중 30%가 호흡기 질환에 감염 됐다. 그러면, 그 아동들도 술과 담배를 즐겨 서 그렇게 된 건가?"라고 반박했다.

부주지사의 반대에도 불구하고, 여러 의원과 지역활동가들의 노력 끝에 3년이 지 난 뒤, 해당 지역에서는 역학조사 이전에 지 역조사가 실현되는 결과를 얻었다. 그러나 2022년 12월 16일, 부주지사는 단체들과 협 의에 나서는 대신, 이들이 질문만 퍼붓고, 민 주적 절차 이행을 방해하며, 야라의 대리인 들이 회의에 참석하지 못하게 했다고 비난했 다. 보그르나르 의원은 "생나제르의 사회 구 조는 권리 요구에 있어 매우 단호하다"라며, 다음과 같이 덧붙였다. "다른 주민들에게 상 황을 미리 경고하는 역할을 하므로, 반대 의 견을 많이 들어보지 못한 정부 인사들은 불 편해한다."

2022년 10월 14일에도 생나제르 부주 지사의 집무실 앞에는 "야라도, 국가도 도망 치고 우리만 남았다"라는 현수막이 걸렸다. 생태전환부 장관은 10월 13일을 '위기에 강 한 모두'의 날로 정했다. 마리알린 르클레는 다음과 같이 강조했다. "(국가는) 위기를 극 복하기 위해, 위험에 대한 기업들의 책임을 시민에게 전가하고 있다. 우리 시민들은 우리 가 초래하지도 않은(기업 때문에 생긴) 위험 으로부터 스스로를 보호해야 한다."(13) **LD**

글·뱅자맹 페르낭데즈 Benjamin Fernandez
기자

번역·김자연
번역위원

<FC 바르셀로나 75주년 기념 포스터>, 1974·후안 미로

FUTBOL CLUB BARCELONA

75 Aniversari (1899·1974)

FC 바르셀로나, 유럽명문구단의 비밀

세계적인 명문 축구단 FC 바르셀로나(약칭 바르샤)는 카탈루냐의 자부심이자 정체성의 상징이다. 그러나 네그레이라 스캔들과 심판 매수 의혹이 일면서 카탈루냐 지역 유지들이 운영하고 있는 바르샤 구단의 투기적인 일탈이 조명됐다.

다비드 가르시아 ▌기자

지난 3월 19일 일요일 바르셀로나의 서부 레스 코르츠에서는 수만 명의 축구팬들이 캄 노우 구장으로 모여들었다. 캄 노우 구장에는 파란색과 선홍색의 FC 바르셀로나 깃발과 금색 바탕에 4개의 붉은 줄무늬의 세니에라가 나란히 펄럭이고 있었다. 세니에라는 카탈루냐의 깃발이다. 그러나 스페인의 깃발은 없다. 100년 넘게 카탈루냐의 깃발을 내걸고 있는 FC 바르셀로나는 최대 라이벌인 레알 마드리드를 맞이할 준비를 하고 있었다. 레알 마드리드는 스페인의 치욕스런 중앙집권제와 군주제의 상징이다.

두 명문 구단의 더비 매치(Derby Match)인 엘 클라시코는 단순한 축구 경기가 아니다. "1920년대 이후 FC 바르셀로나는 무기 없는 카탈루냐의 군대를 상징하고, 레알 마드리드는 프랑코 독재정권의 프로파간다를 위한 구단이었음을 모두가 알고 있다."라고 카탈루냐 작가, 마누엘 바스케스 몬탈반이 언급했다.(1) "FC 바르셀로나는 구단 그 이상이다." 1968년 나르시스 드 카레라스가 FC 바르셀로나의 회장에 취임하면서 한 이 발언은 그 후 구단의 좌우명이 됐다.

바르샤는 카탈루냐 시민군, 레알 마드리드는 프랑코 정권 상징

캄 노우 구장 바로 옆에 있는 FC 바르셀로나 박물관은 스포츠 구단이자 동시에 카탈루냐의 정체성을 잘 드러낸다. 박물관 이곳저곳에는 여러 스폰서 기업들의 로고 아래, 바르샤의 우승을 축하하는 그림 위에 정체성을 표현하는 문구가 크게 쓰여 있다. 관람객들, 팬들, 관광객들이 이를 눈여겨보는지는 모르겠다. 구단 역사상 가장 위대한 선수인 리오넬 메시가 수상한 7개의 발롱도르 헌정 부스와 FC 바르셀로나의 챔피언스리그 우승컵 5개를 전시한 부스 앞에서는 쉴 새 없이 관람객의 카메라가 터진다. 대형 스크린에서는 레전드 슈팅 장면과 우승 후 환희에 찬 선수들의 모습이 나온다. 전 세계에서 FC 바로셀로나가 재정적으로도, 스포츠적으로 가장 빛났던 2008~2015년을 부풀려 그린 영상이다.

유럽 최대 구장인 캄 노우에는 엘 클라시코를 관람하러 온 9만 5,745명의 관중이 가득 들어찼다. 리모델링 후에는 최다 관중 수가 10만 명을 넘을 것이다. 카탈루냐 군대 즉 바르샤 팬들이 바르샤의 응원가를 부르기 시작했다. '우리는 블라우그라나(파란색과 선홍색, 바르샤 팬의 별칭 중 하나-역주)다. 우리가 남부 출신이든 북부 출신이든 상관없다. (…) 블라우그라나 깃발 아래 우리는 하나다.'

경기가 시작되자, 홈팀 선수가 공을 잡으면 열화와 같은 박수를 보내고, 상대팀 선수의 액션에는 야유를 보낸다. 선수 간 충돌이 일어나고, 바르샤 선수에게 어드밴티지가 주어져 바르샤가 2 대 1로 승리했다. 행복에 도취된 몇몇 바르샤 팬들은 플로렌티노 페레즈 레알 마드리드 회장을 놀리며 불러댄다. "플로렌티노는 어디로 갔나?" 며칠 전, 레알 마드리드는 FC 바르셀로나가 스페인 심판협회 전직 부회장에게 돈을 입금한 사건에 대한 손

해배상 청구를 했었다. 돈을 받은 호세 마리아 엔리케즈 네그레이라의 이름을 딴 '네그레이라 스캔들'이다. 그는 2001~2008년 FC 바로셀로나로부터 7백만 유로를 받은 혐의를 받고 있다.

부패혐의로 고소를 당한 FC 바로셀로나의 회장 조안 라포르타는 4월 17일 기자회견장에서 반격에 나섰다. 그는 카탈루냐 정체성의 상징인 구단이 역사상 가장 맹렬한 공격을 받고 있다면서, 프랑코 독재 체제 (1939~1975년) 당시 레알 마드리드가 정권의 공모자였음을 상기시켰다. "레알은 역사적으로 정치권력과 경제 스포츠 권력 간의 가장 긴밀한 관계를 맺었던 구단이다."

레알 마드리드는 프랑코 구단이라는 낙인을 벗고자, 트위터 계정에 '프랑코 정권의 구단은 누구인가?'라는 제목의 동영상을 올렸다. 동영상은 FC 바르셀로나를 스페인 카우디요(독재자)의 앞잡이처럼 소개했다. 당시 신문기사를 오려낸 장면과 고문서를 배경으로 한 영상에서 해설자는 바르샤로부터 세 번이나 훈장을 받은 프란시스코 프랑코가 바르샤 구단을 파산 위기에서 세 번이나 구해줬다고 말했다. 그리고 레알 마드리드를 프랑코 독재의 희생자처럼 소개했다. 그러나, 이는 사실무근이다. 레알 마드리드 구단은 프랑코 독재시절 이득을 본 쪽이다.

스페인에 여전히 독재의 유령이 있음을 증명하듯, 일주일간의 격론 끝에 독재자 호세 안토니오 프리모 데 리베라의 유해가 파헤쳐졌다. 1939년 프랑코 독재 체제 당시 유일당이었던 파시스트 정당, 팔랑헤당의 창당자인 리베라는 발레 데 로스 카이도스(Valle de los Caidos)의 지하납골당에 묻혔었다. 프랑코의 유해 또한 2019년도에 이곳에서 끌어내려진 후 일반 묘지에 묻혔다.

4억 명이 넘는 바르샤의 SNS 가입회원들

레알 마드리드의 의도적인 편집 동영상에, 카탈루냐 자치정부는 당시 FC 바르셀로나 회장 조셉 선욜을 비롯한 프랑코 독재의 모든 희생자들에 대한 모욕이라고

평했다.(2) 조셉 선욜은 카탈루냐 공화좌파당(현재 카탈루냐 자치정부를 이끌고 있음) 소속 의원으로, FC 바르셀로나 회장으로 취임한지 일 년 후인 1936년 8월 3일 스페인 내전 초반에 민족주의자들에 의해 체포돼 총살당했다.

호세 안토니오의 아버지이자, 1923년~1930년 독재자였던 미겔 프리모 데 리베라 장군의 독재시절, FC 바르셀로나는 숨죽여 있었지만 카탈루냐 (민족)의식을 잘 보여줬다고 역사학자 브누아 펠리스트란디는 설명했다.(3) 1925년 영국 해군과의 친선 경기에서 스페인 국가가 흘러나오자 바르샤 팬들은 야유를 퍼부었고, 정부는 6개월간의 구단 폐쇄 명령을 내렸다.(4) 스페인 제2공화국(1931년~1939년) 말에 FC 바르셀로나는 큰 위기를 겪었다. 구단의 해체까지 고려한 프랑코 정권의 명령으로, 스페인 축구 연맹 소속인 FC 바르셀로나는 1946년까지 카탈루냐적인 색채를 모두 지워야 했다.

바르샤, 카탈루냐의 모던한 이미지를 세계에 전파

카탈루냐는 1932년 자치권을 인정받았지만, 바르샤는 카탈루냐 자치 지위에 찬성한 대가를 치러야 했다. 프리모 데 리베라처럼 프랑코는 공공장소에서 카탈루냐어 사용과 국기를 금지시켰다. 캄 노우 구장은 격리된 마을 같았다. 자비에르 안티치 Omnium cultural 협회(카탈루냐 언어와 문화 보호를 위한 NGO) 회장은 "레알 마드리드와의 경기 때 바르셀로나 팬들은 카탈루냐적인 특색을 드러내며 자부심을 보였다. 당국은 스포츠의 비정치성을 이유로 내버려됐다"라고 말했다.

프랑코 독재 체제 동안에는 프랑스에서 숨어서 일해야만 했던 Omnium cultural 협회는 현재 FC 바르셀로나와 더불어 가장 영향력 있는 카탈루냐의 단체다. 물론 유명세면에서는 FC 바르셀로나가 압도적이다. 2021년 6월 18일, 구단은 FC 바르셀로나의 다양한 SNS 가입자가 4억 명이 넘었다고 발표했다.

카탈루냐의 여러 기관들은 이런 FC 바르셀로나의 영향력을 서로 차지하려고 한다. "명문 구단인 FC 바르

셀로나는 카탈루냐의 모던한 이미지를 널리 퍼뜨려준다"라고 카탈루냐 자치정부 언어정책 책임자인 프란세스코 자비에르 빌라가 말했다. 자치정부는 바르샤 구단이 '국가 언어 협정' 차원에서 카탈루냐어를 널리 알리기를 기대하고 있다. 관련 기구의 부재를 일정 부분 FC 바르셀로나 명성이 상쇄해 줄 것이다. 그러나 관광면에서는 독이 되고 있다고 나르시스 페레르 카탈루냐 관광 안내소장은 말했다.

"마드리드에서 가장 많은 방문객이 찾는 박물관은 프라도이지만, 카탈루냐에서는 FC 바르셀로나 구단이다. FC 바르셀로나는 단순한 스포츠 브랜드 이상으로 많은 것들을 투영한다. 1992년 바르셀로나 올림픽 개최 전까지, 전세계에서 FC 바르셀로나 구단의 명성이 바르셀로나 도시보다 높았다"라고 '바르셀로나 브랜드'의 시청 경제홍보담당자인 파오 소라니요라가 설명했다.

지난 1월 말, FC 바르셀로나는 카탈루냐 관광사무소와 공동 제작한 짧은 홍보 영상을 상영했다. 'Feel the colours'란 제목과 'Love FC Barcelona, Discover Catalonia'란 부제가 붙여진 이 영상은 캄 노우 구장, 상징적인 유적지, 자연풍경을 번갈아 보여준다. 페레르는 "우리는 바르샤의 영상 덕분에 어마어마한 반응을 얻었다"라고 웃으며 말했다. 관광사무소는 관광객들이 사랑하는 건축가 가우디의 특이한 벽으로 유명한 카사 바트요(Casa Batlo) 근처에 위치해있다.

두 달 후 바르샤는 새로운 홍보 영상을 올렸다. FC 바르셀로나가 배출한 신예 여자축구 스타인 이타나 본마티가 고향 카탈루냐에 대한 애정을 표현한 영상이다. "다양한 국적의 선수들에게 나는 코스타 브라바 해안, 해로나 시, 몬세라트 산을 소개해준다."

"FC 바르셀로나는 카탈루냐의 부르주아"

바르셀로나 지역의 다른 구단들은 FC 바르셀로나와 카탈루냐 자치정부간의 특별한 관계를 탐탁지 않아 한다. 수 십 년 동안 FC 바르셀로나의 그늘 아래에 있는 RCD 에스파뇰은 이런 이해관계가 얽힌 편애를 받아본

<안과 밖>, 1966 - 후안 미로

적이 없다. RCD 에스파뇰은 'more than two colours'라는 영상을 배포하며 카탈루냐에는 다수의 다른 축구단이 존재하며, 카탈루냐의 유산과 문화에 깊은 관계가 있음을 강조하기도 했다. 다비드 톨로 RCD 에스파뇰의 역사학자는 "우리도 카탈루냐인이며, 바르샤만큼 우리의 정체성에 긍지를 갖고 있다. 그러나 우리 구장에서는 오로지 축구만 이야기만 했으면 좋겠다"라고 말했다.

1900년에 창단한 RCD 에스파뇰은 바르샤와는 대조적으로 에스파뇰(스페인)이라고 이름을 지었다. FC 바르셀로나는 RCD 에스파뇰 보다 일 년 앞선 1899년 스위스인 한스 감퍼를 주축으로 창단됐다. FC 바르셀로나와 달리 RCD 에스파뇰은 항상 카탈루냐의 투쟁과는 거리를 둔다. 이에 일부 바르샤 팬들은 뉘앙스 차이를 신경 쓰지 않고 'RCD 에스파뇰의 공공연한 비정치성이 친 레

알 마드리드, 친 스페인, 더 나아가 은둔형 파시스트 같다'고 말한다. "역사가 정복자들에 의해 쓰여지듯 그들은 너무 우스꽝스럽게 풍자한다"라고 RCD 에스파뇰의 열혈 팬인 철학자 자비에르 피나는 말했다.

문화를 가르는 경계선은 무엇보다 사회적이고 정치적이다. 정치학자 가브리엘 콜로메는 "FC 바르셀로나는 카탈루냐의 부르주아에 속한다"라고 분석했다. 유서 깊은 카탈루냐 가문 출신이든, 다른 자치 지역 출신이든 상관없이 RCD 에스파뇰의 팬들은 바르샤의 뽐내는 카탈루냐주의와는 거리를 둔다. FC 바르셀로나에 관한 책을 저술한 영국 기자 사이먼 쿠퍼는 "RCD 에스파뇰은 집에서 카탈루냐어로 말하지 않는 바르셀로나인들의 구단이다"라고 설명했다.(5)

경기마다 17분 14초에 부르는 카탈루냐 독립가

2017년 카탈루냐 독립 선언 과정에서, 두 구단 간의 갈등은 카탈루냐 사회의 내부 분열을 심화시켰다. 그러나 바르셀로나의 사회정치과학 기관(ICPS)의 연간 지표에 따르면, 2017년 가을 카탈루냐 독립운동이 최고조에 이르렀을 때 양 진영은 함께했다.(6) 카탈루냐 독립 지지자들은 캄 노우에서 목소리를 드높였다. 매 경기마다 같은 의식이 반복됐다. 바르샤의 수천 명의 팬들은 경기 시간 17분 14초에 카탈루냐 국기를 흔들며 '독립가'를 불렀다. 1714년 9월 11일은 새로운 스페인 국왕 펠리페 5세 군대에 바르셀로나가 패배한 날이다. 프랑스의 부르봉 왕조 출신인 펠리페 국왕은 스페인에서 카탈루냐가 수백 년간 지키고 있던 자치권을 빼앗았다. 카탈루냐 독립주의자들은 매년 9월 11일을 '디아다(diada)'라고 부르며 국경일로 기념하고 있다.

2017년 9월 11일, 바르셀로나 카탈루냐 광장에서 수만 명의 사람들이 독립을 외쳤다. 몇 주 후인 10월 1일, 카탈루냐 자치정부는 국회의 의사일정과 긴급 심의 및 야당의 수정 권한 축소법안을 수정하고, 스페인 정부의 승인 없이 민족자결 국민투표를 조직했다고 펠릭스 트란디는 설명했다. 국민투표에 대한 찬성 의견이 많았

지만 기권자 수가 많았고, 독립반대 정당들은 보이콧을 선언했다. 스페인 정부는 위헌이라고 선포했다. 카탈루냐 의회의 독립 선언에 따라 보수당 마리아노 라호이가 주도했던 국민투표는 무효화됐다.

"캄 노우 구장이나 거리에서 독립주의자들은 소리 높여 외쳤다. 그러나 이것이 그들이 다수라는 의미는 아니다"라고 콜로메는 지적했다. ICPS의 최근 조사에 따르면, 설문에 응한 사람의 53.2%는 현재 카탈루냐의 독립에 관한 지역 국민투표에 반대한다고 대답했다. 39%는 찬성한다고 응답했다. 반면 카탈루냐인의 3/4은 항상 국민투표를 통해 자신들의 미래를 결정할 권리가 있다고 응답했다.(7)

카탈루냐 해방 투쟁에 공헌해 온 바르샤

스페인 정부 명령으로 카탈루냐 자치정부의 고위 인사들이 체포되자 FC 바르셀로나는 반대 의사를 표명했다. 'FC 바르셀로나는 국가의 안보, 민주주의, 표현의 자유, 결정할 권리를 위해 성실히 참여하고 있으며, 이런 권리의 행사를 가로막는 모든 행위를 규탄한다.'라고 2017년 9월 21일 기자간담회에서 낭독했다. 그렇다고 해서 구단이 독립주의자들의 신조를 따르는 것도 아니다. '바르샤는 독립주의자가 아니며, 그럴 수도 없다. 이 문제에 민감한 독립 반대주의자들 또한 포용해야 하기 때문이다.'라고 자비에르 로이그가 설명했다. 그는 카탈루냐 온라인 언론 〈폴리티카 이 프로사(politica i prosa)〉의 경영자이자, 라포르타 회장의 전 선거위원장이었다. 라포르타는 2003년~2010년 그리고 2021년에 다시 FC 바르셀로나의 회장을 역임했다.

논란의 국민투표 당일에 독립주의자들은 누 캄프 구장에서 예정된 축구 경기를 취소할 것을 요구했지만 구단 지도층은 중립성을 이유로 거절했다. 비공개로 치러진 경기에서 FC 바르셀로나는 라스 팔마스 팀을 이겼다. 그 사이 경찰과 독립주의자들간의 폭력적인 충돌이 일어나 백여 명의 부상자가 발생했다. 경찰의 책임이었다. 현 체제를 지지하는 극우 카탈루냐 신문 〈스포르트

(Sport)〉는 구단의 태도를 신랄하게 비판했다. 이런 충돌은 절대 일어나지 말았어야한다며, 2017년 10월 2일 일면에 '치욕'이라는 제목으로 기사를 게시했다.

2014~2020년 바르샤 회장인 주제프 바르토메우는 스페인주의자들에게 지나치게 협조적이었을까? 2021년 회장 후보였던 빅트로 폰트는 그를 비난하기 위해 그렇게 말했었다. 협동조합 FC 바르셀로나의 조합원인 소시오들은 카탈루냐와 끊으려야 끊을 수 없는 관계다. 구단의 주인인 소시오들이 총회에서 회장을 선출하고, 구단의 운영 방향을 투표로 결정한다. "주제프 바르토메우는 종종 대다수가 원하는 방향이 아니라, 어긋나는 방향으로 가는 듯한 인상을 줬다"라고 민족주의 기업 CEO인 빅토르 폰트는 설명했다.

14만 3,000명의 소시오 중 대부분은 스페인에서 카탈루냐의 독립을 찬성할까? 그들 중 최소 92%는 카탈루냐에 살고 있는가?(8) 독립주의자 측은 그렇게 믿고 싶어 하지만, FC 바르셀로나 구단은 지지자들 사이의 분쟁을 두려워하고 경계한다. 폰트는 "그것은 틀렸다. 소시오들은 근본적인 문제에 대해서 발언해야 한다"라고 강조했다.

그렇지만 바르샤는 2013년 6월 카탈루냐의 해방 투쟁에 상당한 공헌을 했다. 구단은 캄 노우 구장에 독

바르샤의 자금줄, 후원금 기탁 제도

"이사(directiu)가 되려면 돈이 많아야 한다."

프란체스코 트리야스 경제학 교수는 인정했다. 협동조합 FC 바르셀로나의 조합원인 소시오들은 6년마다 캄 노우에 모여 회장과 18명의 이사들로 구성된 이사회를 선출한다. 이사들은 무보수로 일하며, 구단에 손실이 생기면 자신의 돈으로 해결해야 한다. 이렇게 재정적 의무를 지닌 이사들은 부유한 기업가나 변호사로 바르셀로나 최고 대학 출신이다. 부회장을 제외한 모든 이사들은 카탈루냐에서 태어났다. "그들은 모두 옛날부터 서로 알고 지내던 사이"라고 영국 기자 사이먼 쿠퍼는 FC 바르셀로나에 관한 그의 저서에서 밝혔다.

지역공동체의 연대를 중시하는 이런 경영방식은 구단의 이익에 해가 될 수 있다. 주제프 바르토메우 회장은 2014~2020년 임기 동안 선수들의 이적과 연봉을 모험적으로 운영했지만 이런 거래를 알고 있던 사람은 소수였다. "라포르타 회장은 바르샤가 가족 기업 같다고 말했다. 나는 이런 견해에 찬성하지 않는다. FC 바르셀로나가 예전의 영광을 되찾고 싶다면, 다른 세계적인 구단처럼 전문적으로 운영돼야 한다"라고 빅토르 폰트는 단언했다. 그는 2021년 회장 후보로 라포르타와 경쟁했다.

좀 더 설명을 하면 구단의 정관으로 인해 이런 연대가 생겼다. 회장으로 선출되면 의무적으로 내야하는 기탁금의 하한선이 최근에는 완화됐더라도, 회장은 구단 전체 예산의 15%에 해당하는 1만 2,150만 유로의 기탁금을 내야한다. 기탁금은 마감 날짜 몇 시간 전에야 다 모였다. 재생에너지 기업 Audax renovables의 호세 엘리아스 회장은 라포르타에게 7,500만 유로를 기탁했다.

라포르타를 돕고 엘리아스는 카탈루냐 자치정부와 더불어 카탈루냐에서 가장 막강한 기관의 영향력을 손에 넣었다. 스포츠 마케팅 그룹 Mediapro의 자우메 로레스 회장은 3,000만 유로를 기탁했다. 사업을 위해 로레스는 바르샤와 채무관계를 맺고 싶어 했다. 그는 이사회의 과두적인 성격에 관해서는 전혀 비난하지 않았다. "이런 기탁 시스템은 필요하다. 모이는 금액과 상관없이 이 시스템은 지도층에 책임의식을 불어넣는다."

프랑코 독재시대부터 민주화 시대까지도 계속해서 사업가들이 FC 바르셀로나를 지배하고 있다. "1946~1968년까지는 면직물 기업들이 구단의 수장 자리를 이어왔다"라고 경제학자 로세르 빈턴이 말했다. 현 회장은 부유한 가문 출신이 아니지만, 그의 아버지는 소아과의사이며 장인으로부터 재정적인 도움을 기대할 수 있다. 그의 장인 후안 에세바리아 푸이그는 스페인 닛산 그룹의 전직 회장이다. 라포르타는 처남을 구단의 보안 담당 이사에 임명했었는데, 처남이 프랑코 재단의 회원으로 밝혀지자 사임시켰다. ⓛⅅ

글·다비드 가르시아 David Garcia
번역·김영란

립주의자들의 콘서트 개최를 허락했다. 독립주의자들은 캄 노우에서 초대형 카드 섹션으로 '카탈루냐를 위한 자유(Freedom for Catalonia)'라는 슬로건을 만들었다. 몇 주 후, 프랑스 국경에서부터 세니에라가 펼쳐진 캄 노우 구장을 거쳐, 타라코나 시까지 40만 명의 사람들이 인간 사슬을 형성하며 '카탈루냐 길'을 만들어 국경일 '디아다'를 기념했다. 경제학자 로제르 빈톤은 "산드로 로셀 회장(2010~2014년)이 대다수 소시오의 의견을 존중했었다"고 회고했다.(9)

메시는 떠나고…재정이 불안한 바르샤

FC 바르셀로나 전 간사의 아들이자, 보수 민족주의 정당 Convergencia i Unio(현재는 독립주의)의 공동 창립자인 산드로 로셀은 전형적인 'culé' 성향의 회장이었다. 엉덩이라는 뜻의 culé라는 표현은 1909년에 문을 연 FC 바르셀로나의 첫 구장에서 생긴 별명이다. 당시 구장에는 모든 팬들이 들어갈 수 없어서 일부 팬들이 벽을 기어 올라갔다. 팬들이 구장을 둘러싸고 앉아있는 모습이, 지나가는 사람들에게는 엉덩이만 보인 것에서 유래해 culé는 바르샤 팬을 지칭하게 됐다. 그 의미가 확장돼 현재는 FC 바르셀로나의 팬, 지도자, 선수 모두를 가리킨다.

스페인과 브라질에서 나이키 임원을 역임한 로셀은 2003년 라포르타 곁에서 FC 바르셀로나의 2인자가 됐다. 라포르타가 회장이 되는 것을 도왔던 그는 그 뒤 본인이 회장으로 취임했다. 그의 취임은 FC 바르셀로나의 정치사에 전환점이 됐다. "라포르타 회장 시절에는 독립주의자들의 영향력이 컸다. 그래서 우리 독립 반대주의자들은 소외감을 느꼈다"라고 바르셀로나 자치 대학의 경제학 교수인 프란체스코 트리야스가 비판했다. 캄 노우에서 하나의 스페인을 원하는 팬들은 고개를 숙였다. 그러나 여전히 팀을 사랑한다. '카탈루냐 독립을 위한 연대'라는 작은 독립주의 정당을 창당한 라포르타는 2010년~2012년 카탈루냐 의회에 입성했다.

변호사였던 라포르타는 1990년대 말, 캄 노우 구장을 상업 전시관으로 바꾸려는 계획을 막는 '푸른 코끼리

(L'Elefant blau)' 운동을 시작하면서 바르샤 팬들 사이에 유명해졌다. 라포르타 회장 재임시절 푸른 코끼리 운동의 주도자들은 구단에 카탈루냐 색채를 복원시켰고, 그들이 반대하며 투쟁했던 구단의 상업화 프로세스에 모두 착수했다. 그들은 축구 산업의 상품화의 선봉장인 맨체스터 유나이티드와 레알 마드리드의 영향을 받았다. "라포르타의 임원들은 레알 마드리드 회장의 노하우에 매료돼 있었다"라고 자비에르 로이그는 전했다.

홍보에 능한 이 바르샤 회장은 2006년 유니세프(Unicef)와 계약하며 솜씨를 발휘했다. 구단 창단 이래 처음으로 바르샤 구단은, 107년 동안 광고가 없었던 유니폼에 후원사 로고를 부착했다. 그러나 FC 바르셀로나는 후원금을 받는 대신에 구단 연간 소득의 0.7%를 유니세프에 기부했다. 바르샤는 2022년 후원 계약이 끝날 때까지 총 2,150만 유로를 기부했다. 그러나 돈벌이 유혹에 대한 저항은 그리 오래가지 않았다.

2010년부터 유니세프의 로고와 함께 카타르 재단의 로고가 바르샤의 유니폼에 부착됐고, 이 계약으로 구단은 세 시즌 동안 9,000만 유로를 벌었다. 그 후 선수들의 유니폼에 넉넉한 계약을 맺은 다른 후원 업체들의 로고가 부착됐다. 스포츠의 성공을 위한 과도한 후원사 모집은 모든 것을 정당화시켜준다. 바르샤는 라이벌인 레알 마드리드와 같은 비전을 가지고 있다. 2020년부터 바르샤와 레알은 유럽 슈퍼리그 프로젝트를 지지하고 있다. 유럽 슈퍼리그는 최대한의 이윤을 내기 위해 가장 부유한 구단들만 참가하는 리그다.

"구단은 잠재적인 수입원을 영원히 잃었다"

FC 바르셀로나는 유럽 내에서 명성을 되찾기 위해 많은 돈을 투자했지만, 코로나19 팬데믹의 여파로 손해를 입었고 2021년 리오넬 메시는 파리 생제르망으로 떠났다. 기록적인 채무(13억 5,000만 유로)에도 불구하고 구단은 2022년 여름 많은 선수들을 영입했다. 그해 4월 말, 회장실은 캄푸 누 구장의 대규모 리노베이션 계획인 'l'Espai Barça'를 위해 14억 5,000만 유로의 은행 대

출을 받았음을 알렸다. 유럽 챔피언을 5번 차지한 구단은 유동성이 부족해서, 향후 25년간의 TV중계권의 지분 1/4을 Sixth Street 투자회사에 5억 유로에 팔았다. 또한 구단의 시청각 콘텐츠를 운영하는 자회사의 자본의 49%를 매각했다.

TV중계권 판매 전문 회사인 Mediapro 사장 하우메 루레스가 운영하는 Socio.com과 Orpheus 미디어는 각각 1억만 유로로 서로의 주식을 절반씩 사들였다. 주식을 조금씩 갉아먹고 있는 바르샤 구단은 장기적으로 구단의 자원을 매각하는 걸 넘어서 구단의 특색까지 담보로 삼지 않을까? 바르샤의 서포터즈 그룹 중 하나인 Seguiment FCB 서포터즈의 대변인 마르크 코르네트는 "구단은 잠재적인 수입원을 영원히 잃었다. 구단의 경제적 리스크까지 감수하려는 선수는 없다"라고 우려를 표명했다.

경제학자 이반 카베자는 "매도한 주식은 FC 바르셀로나 전체 수입의 7~9%에 지나지 않는다. 바르샤 구단의 온전한 상태를 해칠만한 것은 아무것도 없다. 게다가 모든 것은 총회에서 소시오가 승인한 사항이다"라며 안심시킨다. 이에 대해 코르네트는 그렇게 단순하지만은 않다고 반박한다. "바르샤의 재정은 위태로운 상황이다. 구단은 이미 은행의 손안에 있다. 기회를 노리는 투자자가 있다면 언제든지 이용할 수 있다."

그는 구단이 밀어붙인 명칭 변경 투표에서, 계약 조건의 불투명성을 비판했다. 전설적인 구단의 명칭에 후원 기업의 이름이 덧붙여졌다. 이사회는 기밀유지 조항을 핑계로 캄 노우 옆에 이름을 덧붙이도록 계약한 글로벌 음원 사이트와의 계약 총액을 밝히기를 거부했다. "소시오 대부분은 재정적인 문제에 관심이 없다. 그들은 팀이 승리하기만을 원한다. 추첨으로 뽑힌 4,000명의 소시오(14만 3,000명 중 3%)들 중 1/4만 총회에 참석한다"라고 루레스는 말했다. 반면 회장 선거에는 소시오 전체가 모인다.

3월 19일 엘 클라시코 더비가 열렸다. 경기 시작 전과 하프 타임에 카탈루냐 가수 로살리아의 노래 'Despecha'가 반복해서 울려 퍼졌다. 바르샤 홈페이지에서는 글로벌 음원 사이트에서 2022년 스페인에서 가장 많이 청취한 가수가 로살리아라고 소개했다. 엘 클라시코 전날, 친 바르샤 성향의 일간지 〈스포르트〉와 〈엘 문도 데 포르티보(El Mundo deportivo)〉는 음원 사이트의 애프터서비스를 친절히 알려주는 기사를 실었다. 로살리아의 앨범 〈Motomami〉 로고가 새겨진 스페셜 에디션 유니폼 판매를 홍보해주는 기사도 여럿 나왔다. 1,899장만 판매되는 〈Motomami〉 스페셜 에디션의 첫 번째 시리즈 유니폼은 장당 399.99유로에 판매됐다. 두 번째 시리즈로 단 22세트만 판매되는 유니폼 세트는 1,999.99유로다...

엘 클라시코를 관람하기 위해 기자석에 자리한 언론사들은 구단으로부터 메시지를 받았다. 잊지 말고 후원사 명칭을 넣은 정확한 구단 이름(스포티파이 캄 노우)을 써달라는 메시지였다. 프란체스코 트리야스 교수는 바르샤 팬 수에 대한 원통함을 표시했다. "예전에 바르샤는 구단 그 이상의 구단이었지만, 현재는 구단 그 이상이 아니다." **ᴸᴰ**

글·다비드 가르시아 David Garcia
기자. 주요 저서로 『Histoire secrète de l'OM 올랭피크 드 마르세유 구단의 비밀 역사』(Flammarion. 파리, 2013), 『JO 2024, miralcle ou mirage 2024 올림픽은 기적일까 신기루일까』(공저, Libre & Solidaire, 파리, 2018) 등이 있다.

번역·김영란
번역위원

---

(1) 참조 'Qui a peur des Catalans? 카탈루냐를 두려워하는 자는 누구인가?', Manuel Vasquez Montalban, <르몽드 디플로마티크> 프랑스어판, 1996년 8월

(2) 'El Govern de la Generalitat pide al Madrid "que retire su video manipulador"', <El Mundo deportivo>, 2023년 4월 18일

(3) Benoît Pellistrandi, 'Le Labyrinthe catalan 카탈루냐의 미로', Desclée de Brouwer, 파리, 2019년

(4) 참조 Gabriel Colomé, 'Conflits et identités en Catalogne 카탈루냐의 갈등과 정체성', <마니에르 드 부아르> 프랑스어판 n°38, 'Football et passions politiques 정치적 열정과 축구', 5~6월 1998년

(5) Simon Kuper, 'La complejidad del Barça. El ascenso y la caída del club que construyo el futbol moderno', Córner, 바르셀로나, 2023년 1월 13일

(6) Jose Rico가 인용한 조사, 'El apoyo a la independencia de Catalunya baja del 40%, según una encuesta del ICPS', <El Periódico>, 바르셀로나, 2023년 1월 13일

(7) Op. cit.

(8) 'Rappport annuel du FC Barcelone 2021-2022 FC바르셀로나의 연간보고서', www.fcbarcelona,com

(9) David Garcia, 『El Barça davant la crisi del segle』, Destino, 2021년

백파이프와 테크노뮤직

에릭 델아예 ▌기자

지난 3월, 마르세유에서 바벨 뮤직 XP 페스티벌이 열렸다. 페스티벌 기간 중 이른바 '월드뮤직' 전문가 2,000여 명이 한자리에 모여 콘서트와 포럼 등을 개최했다. "일렉트로닉 뮤직과 전통음악, 미래의 조합?"이라는 제목으로 열린 원탁에서 발표자들은 40년 동안 프랑스에서 활발하게 이뤄진 사운드 실험의 성과를 칭찬했다.

그런 실험 덕분에 오늘날 젊은 예술가들은 허디거디(Vielle à roue, 손잡이를 돌려 현을 타는 일종의 현악기), 샤브렛 리무진(Chabrette limousine, 프랑스 리무쟁 지방의 전통 백파이프-역주), 비니우(Biniou, 프랑스 브르타뉴 지방의 전통 백파이프-역주), 에피네트 데 보주(Épinette des Vosges, 지터 류의 전통 발현악기-역주) 등의 전통악기를 연주하며 이를 대중화하고 있다. 싱클레어 링엔바흐는 고향집 다락방에서 에피네트 데 보주를 발견하고는, 여러 아랍 지방어로 노래하는 가수 반다 포르트와 결성한 듀오 그룹 '카인과 무치(Caïn و Muchi)'의 연주에 전자음 효과를 도입했다. 링엔바흐는 그런 음향효과가 "곡을 실제보다 더 추상적으로 들리게 만든다"고 말했다.(1)

한편, '쉬페르 파르케(Super Parquet)'에서 백파이프를 연주하는 루이 자크는 자신의 연주에 대해 이렇게 말했다.(2) "내가 내 모국어를 선택한 것이 아니듯이 내가 이 악기를 선택한 것이 아닙니다. 저는 신시사이저, 드럼 머신, 시퀀서를 활용하는 뮤직밴드에서 제 자신을 표현할 따름입니다. 그런데 이진법으로 사고하는 기계를 삼박자 음악에 맞추는 것은 쉽지 않은 일입니다."

이 4인조 그룹은 2014년부터 "중앙산악 지대 스타일의 사이키델릭 음악"을 제작하고 있다. 최근 '네오트라드' 운동에서 가장 영향력 있는 그룹 중 하나인 쉬페르 파르케는 지난 봄에 트리오 브라마(Brama), 라디오 투티 & 바리야 시스터스(Radio Tutti & Barilla Sisters)와 함께 "전통 음악과 일렉트로닉 트랜스의 융합이 창출하는 스펙터클한 충격"을 약속하는 투어콘서트 '발 바레(Bal Barré)'에 참여했다.

'발 바레'라는 타이틀은, 온음계 아코디언이 자아내는 디트로이트 테크노(Detroit techno, 미국 미시간주 디트로이트를 발상지로 하는 테크노 음악의 한 장르-역주)(3) 특유의 리드미컬한 박자에 맞춰 빙글빙글 도는 댄스를 연출하는 댄스 듀오 '튀르푸(Turfu)'가 고안한 다양한 댄스 포메이션을 선보이는 또 다른 축제 개념인 '테크니발(Teknival, 모든 사운드 시스템에 개방된 대규모 무료 파티-역주)' 프로젝트를 연상시킨다.

'르 망쥬 발(Le Mange Bal)'이나 '파타트 사운드 시스템(Patates Sound System)' 같은 일렉트로닉 포크 밴드들이, 옥시탄어로는 '발레티(baléti)'로, 브르타뉴어로는 '페스트노즈(festnoz)'로 불리는 이 대중음악축제에 참여하면서, 위기에 처한 디스코텍과 당국의 억압을 받는 '레이브 파티(Rave Party)'에 등 돌린 젊은 대중은 이런 축제에 열광적인 환호를 보내고 있다. 이들은 음악축제나 클럽에서 전통 음악과 일렉트로닉 뮤직이 선사하는 무아지경을 경험한다. 글로벌 도시에서 인기 있는 하위 음악장르인 그라임(Grime)과 개버(Gabber)에 백파이프를 도입한 클럽뮤직 아티스트 '드 그랑디(De Grandi)'의 싱글 앨범 〈라 테크노즈(La Teknoz)〉(2022)는 댄스 클럽에서 대성공을 거뒀다.

오트루아르에 기반을 둔 뮤지션 조합 '라 노비아(La Nòvia)'나 베아른 지방의 음반사 '파강(Pagans)'에 소속된 뮤지션들을 비롯한 여러 뮤지션들은 뇌의 영역에 영향을 미치는 사운드, 특히 허디거디 음악, 라 몬테 영(La Monte Young)의 미니멀리스트 음악, 에이펙스 트윈(Aphex Twin)의 전자음악의 공통된 특성인, 지속되거나 반복되는

저음을 탐구 중이다. 그 대표적 경우가 프랑스-스위스계 뮤직밴드 '라 텐느(La Tène)'와 '수르뒤르(Sourdurent)'(4)다.

수르뒤르의 리더 에르네스트 베르제는 추상적인 전자음악을 전문으로 하는 아티스트다. 그러나 그는 최근 옥시탄어로 부르는 오베르뉴 포크송에 심취해 있다. 그는 자신의 다양한 음악 취향을 카브레트(프로방스 지방의 바람피리-역주), 밴조(재즈나 민속음악에 쓰이는 기타의 일종-역주), 베이스류트 등으로 구성된 4중주에 녹여내며, '표준화'라는 이름의 중앙집권주의에 반기를 들고 있다. 이처럼 오늘날 반항적인 예술가들은 1970년대의 지역주의적, 저항적 포크뮤직 운동의 흐름을 되살리며, 대중의 새로운 관심을 일으키고 있다.

이런 흐름을 반영하듯, 일렉트로닉 아방가르드와 전통음악을 전문으로 하는 음반가게 디조노르(Dizonord)는 1979년에 처음 발매된 르그렐(Regrelh)의 실험적인 옥시탄어 포크송 희귀 음반 〈음유시인의 노래: 새로운 소리의 감미로움〉(Cants dels trobadors: La douceur d'un son nouvel)을 최근 재발매했다.(5) **ld**

글·에릭 델아예 Éric Delhaye
기자

번역·김루시아
번역위원

(1) Caïn 9 Muchi, <Warda>, 2023.
(2) Super Parquet, <Couteau/Haute Forme>, Airfono, 2022.
(3) Turfu, <Astrale Nouba>, Airfono, 2020.
(4) Sourdurent, <L'Herbe de détourne>, Les Disques Bongo Joe, 2023; La Tène, <Ecorcha/Taillée>, Les Disques Bongo Joe, 2023.
(5) Regrelh, <Cants dels trobadors: "La douceur d'un son nouvel">, Dizonord, 2023.

호모 에코노미쿠스에게도 과연 문명이 있을까?

프레데리크 로르동 ▌경제학자
상드라 뤼크베르 ▌작가

몇년간 사람들 입에 오르내리던 이야기가 있다. 이 야기의 무대는 프랑스 남서부 도르도뉴 도내의 '페리고르'라는 지역이다. 2020년, 이 지역 주민들은 우편물을 한 통씩 받았다. 우편물의 내용은 "2021년부로 폐기물 수거를 종료한다"라는 것이었다. 말도 안 되는 소식에 황당해하면서도 한편으로 우려하던 사람들은 일단 어찌해야 할지 확실한 판단이 서질 않았다. 그리고, 문제의 '그것'이 등장했다. '그것'들은 공동묘지 옆에 쭉 늘어서 있었다. 이른 아침 '그것'의 정체를 파악하러 간 사람들의 눈에 들어온 것은, 거대한 쓰레기 수거함이었다. 4~5개의 대형 수거함들이 회색의 몸통에 노란색, 갈색, 녹색 뚜껑으로 구분돼 무덤 옆에 일렬로 서 있었다. 죽은 자들의 집 옆에 커다란 쓰레기통으로 경계가 세워진 격이었다.

수거함 바로 옆에는 "2021년부터 가정 내 폐기물은 주민 자율 수거함으로 배출해야 합니다"라는 문구가 있었다. 주민들이 그 '자율성'을 어떻게 활용하면 좋을지 몸소 일러주는 우편물도 배달됐다. 발신자는 '도르도뉴 도내 폐기물 통합 노동조합'이었다. 어느 날 갑자기 불쑥 등장한 이 조직은 운영 면에서도 모호한 근본 없는 조직이었는데, 한 가지 분명한 건 지금까지 폐기물 수거와 처리를 담당하던 공공서비스를 대체하는 곳이라는 점이었다. 환경미화원이 도로를 돌며 폐기물을 처리하던 비용이 그 전까지는 세금으로 충당됐으나, 이제는 '폐기물 처리와 비용 관리'를 위한 '환경개선 촉진비'로 대체된다. 이로써 주민들의 부담은 기존에 비해 무려 4배가 늘었다.

일단 실제로 배출하는 쓰레기의 부피에 따라 이용료를 계산한다는 것이 첫 번째 부담이고, 버리는 양이 얼

마든 가정 당 허용된 배출 봉투 개수가 제한된다는 게 두 번째 부담이다. 따라서 배급된 봉투에 유기성 폐기물을 꽉꽉 채워 배출해야 한다. 그런데 이 지역의 여름 기온은 34℃까지 올라가므로 주민들은 악취나는 쓰레기를 집안에 끌어안고 살아야 한다. 그나마 봉투가 가득 차면, 이것을 '주민 자율 수거함'에 직접 가져와서 버려야 한다. 그런데도 환경미화원이 직접 쓰레기를 수거하던 때보다 이용료는 3배 더 비싸다.

이렇게 주민들이 감수해야 하는 모든 불편과 부담은, '환경개선 촉진'을 위해서라고 한다. 심지어 노인이나 몸이 불편한 사람도 무거운 쓰레기봉투를 들고 수 킬로미터를 걸어가서 버려야 한다. 쓰레기 배출이 '자율'적으로 이뤄져야 하기 때문이다.

호모 사피엔스 vs. 호모 에코노미쿠스

이번에는, 수천 년간 사람들 입에 오르내리던 이야기를 해보겠다. 도르도뉴에 '발레 드 롬(Vallée de l'homme, 인류의 계곡)'이란 곳이 있다. 여기에는 고고학을 연구한 브뢰유 신부가 "선사시대의 시스티나 성당"이라 일컫던 '라스코 동굴'이 베제르 강을 따라 이어진다. 30만 년 전 호모 사피엔스가 발원한 곳은 아프리카였지만, 베제르 유역에는 호모 사피엔스가 창조한 작품들이 많기도 하고, 완성도도 남다르다. 14개로 분류된 유적지에서 출토된 600만 개의 유물은 모두 레제지 선사유물박물관에 총망라돼 있다. 제작 연대는 후기 구석기로, 호모 사피엔스의 역량이 정점에 달한 시기다.

당시 사회 집단은 점점 복잡한 양상을 띠었고, 조르

주 바타유의 지적처럼 예술 작품을 만들어낼 정도로 집단 전체의 상상력이 발달해 있었다.(1) 호모 사피엔스가 다른 고인류와 차별화되는 부분은 바로 존재에 대한 상징적 사고와 표현이 가능했다는 점이다. 특히 사피엔스 종은 죽음에 대한 상징화가 가능했다. 죽음을 상징적으로 인식하고 표현하는 것은 네안데르탈인 때부터도 가능했지만, 이를 그 정점으로 끌어올린 존재는, 다름 아닌 호모 사피엔스였다.

이 인류의 계곡에서 호모 사피엔스는 태초의 인류가 됐는데, 오늘날의 호모 에코노미쿠스 (경제적 인간, 즉 '합리적인 소비를 추구하는 사람'을 뜻한다. 주류경제학에서 정의하는 인간의 기본 전제다. – 역주)는 바로 그곳에서 죽은 자와 쓰레기를 한 곳에 뒤섞고 있다.

2021년의 파리는 또 어떤가? 명망 있는 파리 5대학 의대의 프레데리크 다르넬 총장은 시신기증센터 직원 두 명과 함께 '사체 훼손' 혐의로 수사를 받았다. 다른 것도 아닌, 사람의 시신을 아무렇게나 방치했기 때문이다. 21세기의 호모 사피엔스는 종의 영속성을 보장하고자 장례라는 상징적 의식까지 포기하며 '자율적으로' 연구실에 시신을 기증했다. 그런데, 그런 시신들이 더러운 바닥 위에 층층이 쌓였고, 그 사지가 잘려나갔다. 그리고 장기에는 담배꽁초가 처박힌 채 썩어갔다. 시체안치소에는 벌레와 쥐가 들끓었고, 실내는 온도 조절 장치가 고장 난 채 냉골로 방치됐다. 시신은 대규모로 소각되거나 자동차 트렁크 안에 쑤셔 박히기 일쑤였고, 일부는 자동차 충돌 테스트용으로 팔려나갔다. '기증된 시신'에 대한 쓰레기 취급은 상징적 의미에서 또 한 번의 살인이었다.

범인은 누구일까? 바로 '호모 에코노미쿠스'라 불리는 신인류다. 범죄에 사용한 도구는 '비용 관리'라는 명목이다. 사실 해당 센터는 시신관리 부실 문제로

<먹고 남은 사과 속>, 1996 - 필리프 브륀또

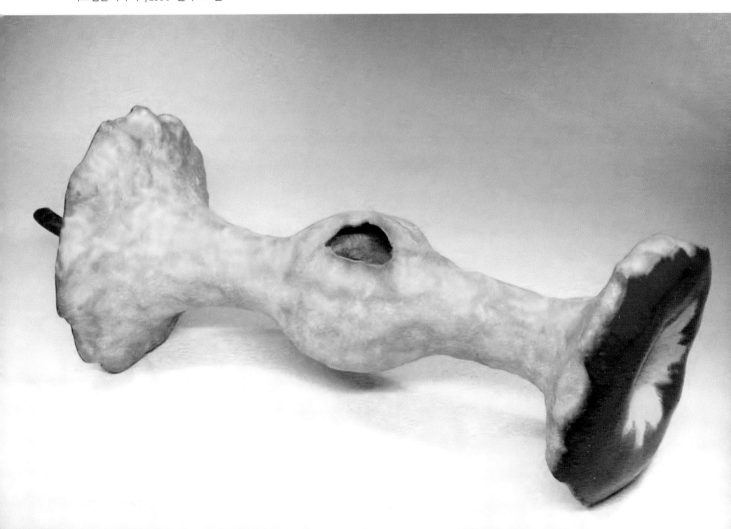

2012~2019년 꾸준히 경고를 받았다. 촉탁 의사의 내부 보고서도 이 문제를 지적했고, 회계 컨설팅업체 KPMG의 감사보고서는 물론, 고등교육부의 내부시찰 보고서도 사체관리 행태를 문제 삼았다. 보다 못한 윤리위원회 대표는 사직서를 내고 떠났다. 시신기증센터장이 보낸 숱한 경고 메일에는 "미개하고 야만적인 상황이 펼쳐질 날이 멀지 않았다"라는 내용도 있었다. 하지만 그것으로도 부족했을까? 문제가 불거진 후에도 다르델 총장은 여전히 (자문 업무 수행 차) 프레데리크 비달 교육부 장관 비서실을 드나들었다. 그나마 사건이 터진 여파로 그는 국립 보건의학 연구소장 자문직으로 자리를 옮겼다.

합리적 경영을 내세우는 오늘날, 문명사회에선 있을 수 없는 일들이 도처에서 자행되며 나날이 기승을 부린다. 호모 에코노미쿠스는 계산기를 들고 손익을 따지기에 급급하며, 이 수치화된 세계에서 상징적인 존재는 설 자리가 없다. 대학도 연구실도 자본의 논리가 우선이다. 연구목적으로 기증받은 시신이 25년간 방치되지 않았나? 호모 에코노미쿠스에게, 기증이란 더 이상 긍정적인 행위가 아니다. 기증받은 시신도 보관하려면 비용이 들기 때문이다. 비용이란 '관리'의 대상이다. 쓰레기든 죽은 자든 관리가 필요하다.

지탄받는 '호모 에코노미쿠스 1세'

엘리제의 그 누군가가 감히 '비문명화'란 단어를 입에 올렸던가? 일단 최소한 한 건의 살인 사건은 있었다. 랭스의 한 정신병자가 정신적인 보상 기전 상실(스트레스로 인체의 장기가 올바르게 작동하지 못하여 제 역할을 다하지 못하는 상태-역주)로 발작을 일으키며 간병인 세 명을 칼로 찔렀고, 피해자 중 한 명이 목숨을 잃었기 때문이다. 그렇다면 다차원적인 이 사건에서 과연 범인은 누구일까? 살인자가 분명히 존재하는 사건에 이런 질문을 던지는 게 이상해 보일 수도 있다. 칼을 든 사람이 범인일 테니까. 호모 에코노미쿠스의 논리로는, 답은 가까운 곳에서 찾아야 한다. 수사가 오래되면 잘못된 방향으로 빠지기 십상이다. 그래서인지 사회면의 '흔한'

살인 사건들은 이상하리만치 서로 닮아있다. 범인은 늘 "중증 정신 질환을 앓은 전력"이 있고, 언론에서도 이를 귀신같이 알아채며 지적한다. 그런데 얼마 후 다른 문제 하나가 제기된다. 이 사회가 '비문명화'되고 있다며 사회를 다시 '문명화하려는 사람들'이 목소리를 내기 시작한 것이다.

만일 수사가 지속됐더라면 우리는 어쩌면 이 사회를 다시 '문명화'하겠다는 사람들에게서 공통점을 찾았을 것이다. 모두들 하나같이 호모 에코노미쿠스의 정책을 실행했거나 실행하고 있으며, 혹은 이를 지지하고 있다는 점이다. 호모 에코노미쿠스가 추진하는 정책은 일단 부자들의 세금을 줄여주고자 고심하며, 정부의 공공 서비스를 차근차근 붕괴시켜 나간다. 병원을 해체하고 정신과와 심리치료기관을 없애버린다. 공공서비스가 부담해야 할 몫은 줄이고, 사회적 약자를 위한 공간도 축소한다. 자신과 타인에게 위험천만한 존재들이 기본적인 보호도 받지 못한 채 떠도는 일이 얼마나 많던가? 호모 에코노미쿠스에게 중요한 것은 '일부'의 계산 논리뿐, 그 외의 것들에는 관심이 없다.

가령 구성원에 대한 돌봄과 치료가 제대로 이뤄지지 않는 사회에서 정신 질환의 역학 연구로부터 우리가 무엇을 알아낼 수 있을지 따위는 호모 에코노미쿠스의 관심사가 아니다. 사회적인 고통이 잠재적으로 개인의 정신적 고통으로 이어지면 이 개인은 결국 감당하기 힘든 시련을 겪게 되어 방어기제를 상실한 채 살인에 이르는 발작을 불러올 수 있다. 하지만 이 또한 호모 에코노미쿠스의 관심사는 아니다. 따라서 정신 발작을 일으키는 사람들도 늘고 자살 기도자도 많아진다. 일찍이 저명한 사회학자 에밀 뒤르켐이 분석한 대로 사회 구성원을 자살로 몰고 가는 특정 사회의 법칙이 발동하기 때문이다. 결국 돌봄과 치료의 사회 구조가 무너짐으로써 자연상태에 방치된, 혹은 방치될 사람들만 억울할 뿐이다.

이 세계를 차근차근 무너뜨리면서도 다시 문명화하겠다고 나선 보건부 장관은 보여주기식 조치들을 내놓았다. 병원 입구에 도어락과 감시 카메라를 설치하겠다는 것이다. 재무장관 역시 부자들의 세금을 계속 낮춰주겠다며 맞장구를 쳐주었다. 사회의 비문명화를 개탄하며 지탄받은 저들의 수장을, 우리는 '호모 에코노미쿠스 1세'라 칭하기로 했다. 그는 경제적 인간으로서 왕좌에 오르지 않았던가?

그런데 이 지점에서 우리는 한 가지 의문에 사로잡힌다. 망자의 집은 쓰레기 처리장으로 전락하고 의대 시체안치소는 대책 없이 방치되며 정신질환자에 대한 사회적 제도적 관리가 이뤄지지 않는 상황에서, 과연 누가 이 사회를 비문명화하는 것일까? 오늘날의 문명사회를 문명화 이전의 원시 사회로 되돌리는 주범은 누구인가? 사명감을 안고 떠들썩하게 나대면서 이 사회의 비문명화에 힘쓰는 지독한 투사가 하나 있긴 하다. 그래서 자신이 뭘 잘못하고 있는 줄도 모르면서 이 사회를 때려 부수고 망쳐놓는다. 이 사회를 휘젓는 자본의 폭력 위에서 통치 기반을 다진 그는 사회 도처에서 문명화 수준을 끌어내리고, 비문명화의 과정이 극에 달하도록 부추긴다.

그런데 이런 비문명화 작업이 정신 나간 극우 쓰레기의 엉뚱한 공작이 아니라면, 비문명화란 인간 집단의 본질적 특성인 내향 회전성 폭력, 즉 현상 유지를 위해 내적으로 파고드는 폭력성을 견제할 제도의 파괴로서 이해돼야 한다. 사회의 재문명화에 힘쓰겠다면서 정작 이 사회를 비문명화하는 주범들의 행위는, 바로 이 폭력성 견제 제도의 파괴다. 그리고 이 비문명화 과정의 선봉에 선 인물은 아이러니하게도 바로 그 호모 에코노미쿠스 1세다.

발굴된 유적을 보면 호모 사피엔스가 장애인을 돌봤다는 흔적을 찾아볼 수 있다. 이들이 죽는 순간까지도 함께 보듬어준 흔적이 남아있는 것이다. 한 무덤에서는 성인과 장애아가 합장돼 있었는데, 이는 저세상에 가서도 아이를 곁에서 돌봐주겠다는 상징적 의지의 발현이 아니었을까? 문명이란 바로 이런 것이다. 여기에서 호모 에코노미쿠스의 자리는 생각할 필요도 없다. 저들에게 '타인'이나 '기부'는 관심 대상이 아니기 때문이다. 이들의 관심사는 '나'뿐이며, 이들은 남에게 내주는 것에는 전혀 관심이 없고, 오직 관심사는 내 손 안에 들어오는 것뿐이다. 이 사회의 문명화 수준을 퇴보시키는 장본인

들의 비문명화 담론은 그런 인식이 겉으로 끔찍이 표출된 것에 지나지 않는다.

손에 칼을 든 누군가에게 찔려 간병인 하나가 목숨을 잃었다. 이는 엄연한 사실이다. 하지만 달리 보면 이는 결국 호모 사피엔스가 호모 에코노미쿠스에게 살해당한 것이기도 하다. 이 호모 에코노미쿠스의 구체적인 얼굴상은 에코노미쿠스 1세에게서 확인된다. 그가 내리는 결정 하나하나와 그에 따른 구체적인 영향 하나하나가 호모 에코노미쿠스의 세계를 대변한다. 저들의 세상에서 돌봄과 치료는 존재하지 않으며, 망자의 안식처인 무덤은 쓰레기장으로 전락하고, 죽은 자의 몸은 더럽혀지고 훼손된다.

사회적 약자에 대한 관심에서 죽은 이들에 대한 존중에 이르기까지, 호모 에코노미쿠스는 문명사회의 오랜 근간이었던 상징적 체계들을 훼손하고 파기했다. 즉, 인간이 문명화의 길로 접어들게 한 구조적 체계를, 인류가 인류로서 존재할 수 있도록 만들어준 문명 그 자체를 무너뜨렸다. 그러면서도 스스로는 현세의 현대적 인간임을 자처한다.

누가 감히 '비문명화'란 단어를 입에 올렸나? **lơ**

글·프레데리크 로르동 Frédérique Lordon
경제학자 겸 철학자. 프랑스 국립과학연구소(CNRS)의 연구책임자, 유럽사회학연구소(CSE)의 연구원 역임. 주요 저서로는 『La malfaçon. Monnaie européenne et souveraineté démocratique 결함. 유럽 통화와 민주적 주권』(2014), 『D'un retournement l'autre 또 다른 전환을 향해』(2011), 『Capitalisme, désir et servitude. Marx et Spinoza 자본주의, 욕망과 종속. 마르크스와 스피노자』(2010) 등이 있다.
상드라 뤼크베르 Sandra Lucbert
작가. 디지털 자본주의와 인간소외를 주제로 한 글을 쓰고 있다. 주요 저서로 『La Toile 거미줄』등이 있다.

번역·배영란
번역위원

(1) 『Lascaux ou la Naissance de l'art 라스코 혹은 예술의 탄생』, L'Atelier contemporain, Paris, 2021.

나자트 엘 하크미 『풍요의 어머니』

내면으로부터의 도피

아르노 드 몽호예 ▌작가

"저의 이 목소리로 자매님들에게 이야기하고자 합니다. 자매님들과 같은 배에서 나온 이가 겪은 일을 들려주고 싶습니다. 제 혀를 따뜻하게 해줄 차 한 잔을 주십시오. 그리고 제 말이 새어 나가지 않도록 문을 닫아주세요."

파티마는 자매들에게 말한다. 사람들이 멀리 떠나기로 할 때, 외면과 내면으로부터 도피해야 할 때, 그들이 어떻게 '망각 질환'으로 고통받는지를. 그러나 아무리 멀리 떠나도, 외면 또는 내면으로부터 도피해도 발목을 잡는 것은 있다. 잊으려 해도 잊히지 않고 뇌리에 남아 계속 고통을 주는 것. 그것은 '전통'이라는 이름의 낡은 악습이다.

파티마는 스페인 바르셀로나 근교의 작은 공업도시에서 오랫동안 살다가 딸 사라와 함께 모로코에 있는 고향 리프로 돌아왔다. 규범에 따라 성장한 파티마는, 왜 자신이 아무도 강요하지 않은 도피 생활을 계속하게 됐는지 점차 알게 된다. 그 이유가 유년기, 사춘기 및 성인기의 관례와 관행을 만든 암묵적인 법에 따른 것이었음을 말이다. 파티마는 조신하고 부지런하다. '풍요의 어머니'의 딸답게 말이다. 그렇기에 '현자'이자 시장인 '마스터'가 자신의 허벅지를 쓰다듬었을 때 '더럽혀진' 기분이 들었다.

자신이 흘리는 피가 자연적인 현상임을 알게 될 무렵, 파티마는 결혼 적령기의 아름다운 여자로 성장했다. 결혼할 남자의 이름은 모하메드, 그의 머리카락은 가을의 짚단 빛깔이었으며 그녀를 사랑했다. 무엇이 더 필요할까? 약혼식, 결혼식 그리고 이별. 파티마는 친정을 떠

나 남편이 사는 집으로 들어갔고, 시댁에 적응하려 했으나 자신이 그곳에서 환영받지 못한다는 걸 알게 됐다. 남편 모하메드는 파티마를 사랑했지만, 그녀 곁에 있어 주지는 못했다. 먼 나라로 일하러 갔기 때문이다. 1년에 한 번 와서 기념엽서를 남기고 갔고 그렇게 딸 사라가 태어났다. 시댁 식구들은 파티마를 버림받을 만한 또는 버림

을 자초한 여자라고 생각했다. 결국 파티마는 딸 사라와 함께 남편을 찾아 떠난다.

글을 모르는 파티마는, 외워서 끄적거린 주소를 가지고 헤맨 끝에 스페인 카탈루냐 지역의 이 생기 없는 도시에 도착해 딸과 함께 이주노동자로서의 삶을 시작한다. 파티마는 자신의 처지를 견뎌내고, 일자리를 구하려 모르는 사람들과 만나고, 작업장에서 남자들을 상대하고, 종종 그녀의 종교와 대척점에 있는 기독교의 낯선 규칙들에 익숙해진다. 그녀는 자신의 삶 이야기를 하면서 딸 사라의 삶도 보여준다. 사라는 변화한다. 학교에 다니고, 책을 탐독하고 사람들을 만나면서 엄마와 거리가 생기기도 한다.

이 소설은 모로코에서 태어나 8세에 그곳을 떠난, 카탈루냐 작가 나자트 엘 하크미의 네 번째 작품이

다.(1) 이별과 애착, 고향을 떠나 타향에서 새로운 세계에 적응하는 이야기. "글을 읽을 줄도 모르셨지만, 내게 글쓰기를 가르쳐주신 어머니에게"라는 헌사에 힘이 넘친다.

글·아르노 드 몽호예 Arnaud de Montjoye
작가

번역·송아리
번역위원

---

(1) 그때까지 단 한 작품만 번역됐다. 『Le Dernier Patriarche 마지막 가장』, Actes Sud, Arles, 2009.

8월의 〈르몽드 디플로마티크〉 추천도서

『당신을 보면 이해받는 기분이 들어요』
김지연·김건희 지음 | SUNDRY PRESS

예술을 매개로 10년의 연령 차를 넘어 친구가 된 두 여성이 주고 받은 편지들을 에세이로 엮어낸 책이다. 전시공간에서의 다양한 경험과 예술에 대한 사색이 아름다운 문장에 담겨있다. 예술의 의미를 짚어보며 편안하게 현대미술과 친해지는 길을 마련하고, 세대를 뛰어넘는 연대를 통해 따스한 위로를 전달한다.

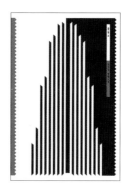

『문두스』
김종영 지음 | 갈무리

과학기술학자 김종영이 황우석 스캔들을 모티브로 한 현대판 서사시를 펴냈다. '신적 존재'를 꿈꾸지만 '미친 존재'가 될 수밖에 없는 운명의 드라마를 통해, 인간이 겪는 보편적 욕망과 모순, 꿈과 좌절 그리고 희망의 메시지를 전한다. 또한 현대의 근대성과 과학기술에 대해 근원적인 문제를 제기한다.

『작물보다 귀한 유산이 어디 있겠는가』
한상기 지음 | 지식의날개

한국인 최초로 아프리카 추장이 된 과학자의 작물 연구 이야기. 1970년대 아프리카의 주식 작물 카사바가 병들자, 굶어 죽는 사람들이 속출했다. 그때, 아프리카로 날아가 작물개량 연구에 청춘을 바친 사람이 있다. 식물유전육종학자 한상기 박사의 90년 삶과 사랑, 업적과 작물 이야기가 생생하게 펼쳐진다.

『더 게임』
김인숙 지음 | 문학동네

40년 차, '소설 장인' 김인숙의 첫 추리소설이다. 소설은 기록적인 폭염이 들끓고 유독 대형 사건 사고가 많았던 1994년으로 독자를 끌고 간다. 20여 년 전 한 습격사건, 그리고 그 사건으로 인해 삶이 흔들린 세 사람이 등장한다. 그리고 세 사람의 움직임이 얽히고설켜 비극적이고 장엄한 복수의 서사를 완성한다.

『민중을 위한 그린 뉴딜』
맥스 아일 지음 |
추선영 옮김 | 두번째테제

튀니지 출신의 농업사회학자 맥스 아일이 남반구 민중의 입장에서 바라본 그린 뉴딜 구상을 말한다. 저자는 지금까지의 그린 뉴딜을 비판한다. 북반구의 규제-기술 관료적 접근법을 따르며, 자본주의 체계를 건드리지 않았다는 것이다. 그는 농민, 노동자, 토착 원주민 민중을 위한 새로운 그린 뉴딜을 제시한다.

『〈녹색평론〉 2023년 여름호』
녹색평론사 편집부 지음

생태주의 인문지 〈녹색평론〉이 1년 반 만에 계간지로 돌아왔다. 전쟁이 지구 생태계에 미치는 영향, 국내외 기후변화 대책과 윤석열 정부의 환경정책, 생태주의의 근본인 '농사'와 '자급'까지. 지구와 인류의 공생을 위한 대안적 문명을 탐색하며 이영광, 이설야 시인의 신작 시와 단행본 리뷰가 담겼다.

『나는 죽음을 돕는 의사입니다』
스테파니 그린 지음 | 최정수 옮김 | 이봄

2016년 캐나다 최초로 조력 사망이 실행되던 해, 그 최전선에 있던 스테파니 그린 박사가 쓴 책이다. 그는 의료조력 사망MAiD의 근접 관찰 보고서로 특별한 죽음의 현장을 생생히 전한다. 환자들이 자발적 죽음을 원하는 이유부터 신청 기준, 시행 절차, 임종의 모습까지 한 편의 다큐멘터리가 펼쳐진다.

『왜 사는가 소크라테스 예수 붓다』
프레데리크 르누아르 지음 |
이푸로라 옮김 | 마인드큐브

소크라테스, 예수, 붓다의 삶을 돌아보고 그들의 가르침을 현대적으로 재해석한 인문 교양서다. 저자는 정의, 사랑, 자비의 메시지를 통해 '왜 사는가'라는 본질적인 질문에 대한 답을 찾는다. 또한 세 스승의 삶을 전하고 숨겨진 비화를 재조명하며, 그 삶의 길이 하나의 목적지로 이어진다는 점을 알려준다.

『표절이 취미』
신은영 지음 |
홍찬주 그림 | 내일을여는어린이

"혹시, 당신도 표절이 취미인가요?" 온라인에서 타인의 창작물을 접하고 베껴 쓰기가 쉬워진 요즘, 어린이들에게 표절의 무게감을 알리고 정직한 창작의 가치를 전달하는 동화다. 주인공 탐희는 한 블로그에서 그림을 베껴 상을 받게 된다. 주목받는 재미에 표절을 계속하면서, 탐희는 점점 괴로워진다.

『가부장제의 정치경제학』시리즈
크리스틴 델피 지음 | 이민경, 김다봄 옮김

크리스틴 델피는 "여성에 대한 억압은 존재하지 않는다"라고 말하던 1970년대 프랑스 학계에, 새로운 분석의 방법론을 제시해 논의지형을 바꿔냈다. 가부장제와 여성의 관계를 탐색한 글이 시리즈로 출간된다. 현재까지 『서문』과 『주적』, 『가족이라는 위계 집단』, 『제도화된 수렁들』이 출간됐다.

영화가 현실이 될 수 있을까

장미란 선수와 역도 영화 〈킹콩을 들다〉

임정식 ▌영화평론가

장미란 선수가 지난 6월 말 문화체육관광부(이하 문체부) 제2차관으로 발탁됐다. 장미란 선수는 현역시절 국내외 주요 대회에서 탁월한 성적을 거둔 역도의 간판스타였다. 대표적인 수상사례로 2004년 아테네올림픽 은메달, 세계역도선수권대회 3연속 우승, 2008년 베이징올림픽 금메달, 2012년 런던올림픽 동메달을 꼽을 수 있다. 특히 런던올림픽은 9명이나 도핑 양성 판정을 받을 만큼 약물로 얼룩졌는데, 장미란 선수는

이 대회에서 '무공해 동메달'을 획득해 화제를 모았다. 재단 설립과 후배 지원, 박사학위 취득과 용인대 교수 재직도 장미란 선수의 프로필에서 빠지지 않는 항목이다.

운동선수 출신이 문체부 제2차관에 임명된 것은 이번이 최초는 아니다. 박근혜 정부 때 박종길 선수(사격), 문재인 정부 때 최윤희 선수(수영)가 제2차관에 발탁된 적이 있다. 문체부 제2차관에 발탁된 체육인은 모두 비인기 종목 선수 출신이다. 아마도 임명권자들은 비인기

사진 출처 : 네이버 영화

종목 선수가 가진 '스토리'를 고려했을 것이다. 그런 점에서 비인기 종목 운동선수의 차관 발탁은 최근 스포츠 영화의 제작 흐름과 비슷한 점이 있다. 2000년대 스포츠 영화는 실화를 소재로 하고, 비인기 종목을 주로 다루며, 여성 인물을 주인공으로 삼는 경향이 있다.

우리나라에서 역도를 소재로 한 영화로는 〈킹콩을 들다〉(2009 · 감독 박건용)가 있다. 〈킹콩을 들다〉는 전남 보성 지역 역도부 학생들이 2000년 제81회 부산 전국체전에서 총 15개의 금메달 중에서 14개를 차지하고, 출전선수 5명 가운데 4명이 3관왕에 오른 실화를 각색한 영화다. 지도자들 가운데 정인영 감독은 1992년 바르셀로나올림픽 역도 남자 52kg급 금메달리스트인 전병관 선수를 키워내기도 했다. 〈킹콩을 들다〉는 실화, 비인기 종목, 여자 주인공, 국가대표와 같은 2000년대 스포츠영화의 특징이 응축된 작품이다.

여성, 운명을 개척하고 '영웅'이 되다

〈킹콩을 들다〉는 두 개의 플롯으로 구성돼 있다. 국가대표였다가 부상으로 은퇴한 뒤 폐인처럼 살아가던 이지봉 코치의 이야기와 역도에 문외한이었던 시골 여중학생 박영자가 수많은 시련을 극복하고 국가대표가 돼 2008년 베이징올림픽에 출전하는 이야기로 구성돼 있다. 여기서 박영자의 캐릭터에 주목할 필요가 있다. 박영자는 고아이고, 돈이 없어서 사격부에서 쫓겨나고, 친구들이 먹다 남긴 급식, 우유 심지어 수돗물로 배를 채우며 학교에 다니는 인물이다. 하지만 박영자는 이지봉 코치를 스스로 찾아가 힘자랑을 하며 역도부원이 되고, 마침내 태극마크를 단다. 박영자는 모험과 도전의 주체로서 엄혹한 환경에 굴복하지 않고 운명을 개척해 나가는 영웅 서사의 주인공이다.

〈킹콩을 들다〉의 서사를 박영자를 중심으로 재구성하면 다음과 같다.

①사격부에서 쫓겨나고 돌봐주던 마을 할머니도 사망한다. ②이지봉을 찾아가 역도부에 지원한다. ③숙식 해결이 가능한 합숙소에서 생활한다. ④지역대회에 출전했다가 망신만 당한다. ⑤이웃 학교 체육 교사의 계략으로 합숙소가 폐쇄된다. ⑥훈련을 거듭해 지역대회에서 우승한다. ⑦고등학교에 진학하면서 이지봉과 헤어진다. ⑧이지봉이 심장병으로 사망한다. ⑨국가대표가 돼 올림

픽에 출전한다. 이렇게, '고아 소녀' 박영자는 역도를 통해 성숙한 어른으로 성장한다.

박영자는 2000년대 스포츠영화 여성 캐릭터의 특징이 집약돼 있는 인물이다. 국내 스포츠영화에 등장하는 여성 캐릭터의 역할과 성격은 2000년을 전후로 구분된다. 2000년대 이전 스포츠영화에서 여성 인물은 조연 혹은 단역으로서 수동적, 순종적인 캐릭터에 머물렀다. 이 시기의 여성 캐릭터는 남성의 영웅적인 면모를 강화해주고, 스포츠의 이분법적 성 이데올로기를 재현하는 역할만 담당했다. 이런 특징은 우리나라 최초의 스포츠영화 〈꿈은 사라지고〉(1959)부터 〈이장호의 외인구단〉(1986)까지 지속해서 나타난다.

반면 2000년대 스포츠영화에는 주체적, 진취적, 능동적인 여성 캐릭터가 다수 등장한다. 여성이 주인공으로 등장하는 작품도 10편가량 되며, 조연으로 등장하는 영화에서도 '행동하는 조력자'로서 남성 인물의 재탄생을 이끈다. 여성 인물이 운동선수로 등장하는 사례가 많아진 것도 새로운 현상이다. 이 경우, 여성 인물은 조연이 아니라 주인공이다. 〈킹콩을 들다〉를 포함한 2000년대 스포츠영화 여성 캐릭터의 특징은 1) 운동선수인 주인공 2) 국가대표 3) 10대 소녀 선수들의 꿈과 도전 4) 행동하는 조력자로 요약할 수 있다.

〈킹콩을 들다〉에서 박영자는 모험과 도전의 주체가 돼 서사를 이끌어나간다. 박영자의 친구들도 가난, 부상, 질병, 고아, 장애와 같은 고난과 시련을 극복하기 위해 노력하고, 그 과정에서 내면의 성장을 이뤄 새로운 인물로 재탄생한다. 스포츠영화에서 주인공이 고귀한 신분을 지닌 경우는 매우 드물다. 주인공과 관련된 경제적·신체적·정신적 조건이나 환경도 열악하기 짝이 없다. 그런 점에서 비인기 종목의 여성 주인공인 박영자는 안성맞춤인 인물이다. 우리 사회의 소시민인 일반 관객들이 감정이입을 하기에 적절한 조건을 지니고 있다. 박영자의 이런 특징은 영화의 메시지와 밀접한 관련이 있다.

희망과 용기를 줬던 주인공, 영화가 현실이 될까?

스포츠영화에서는 주인공이 경기에서 패하거나 목표를 달성하지 못하는 경우가 많다. 〈킹콩을 들다〉도 박영자의 금메달 획득 여부를 알려주지 않은 채 마무리된다. 심각한 허리 부상을 안고 출전한 박영자는 금메달 획득이라는 목표 달성에 실패했을 수도 있다. 그렇다고 박영자가 패배자인 것은 아니다. 영화의 심층 서사에서 박영자는 비참한 최후를 맞이하지 않는다. 현대의 영웅은 결과가 아니라 과정에 의해서 진정한 영웅성을 획득하기 때문이다. 스포츠영화의 이런 메시지는 2004년 아테네올림픽 여자핸드볼 국가대표팀의 실화를 다룬 〈우리 생애 최고의 순간〉(2008)에서도 확인할 수 있다.

스포츠영화의 주인공은 온갖 고난과 시련을 극복하

기 위해 피나는 노력을 하고, 결국 내면의 성장과 정신적 인 재탄생을 이룸으로써 영웅 서사의 주인공이 된다. 더 구나 여성 인물은 남성 중심 이데올로기라는 거대한 벽 과도 싸워야 한다. 예를 들어 〈YMCA 야구단〉(2002)의 민정림은 일본 제국주의의 침략과 유교적 이데올로기, 〈코리아〉(2012)의 현정화는 남북분단과 독재정권이라 는 엄혹한 시대 상황과 투쟁한다. 〈야구소녀〉(2020)의 천재 야구소녀 주수인이 겪은 사건들도 같은 맥락이다. 하지만 이 영화의 누구도 좌절하거나 포기하지 않고 자 신의 꿈을 이루기 향해 고군분투한다.

그런데 〈킹콩을 들다〉의 박영자는 복합적인 캐릭터 다. 모험과 도전의 주체라는 영웅적인 면모 이외에 이지

봉 코치의 조력자 혹은 정신적인 스승이기도 하다. 이지 봉은 88서울올림픽 국가대표를 지낸 인물이다. 하지만 부상으로 은퇴한 뒤 나이트클럽의 호객꾼으로 살아간다. 그리고 옛 감독의 소개로 보성여중 역도부 코치가 되지 만, 선수 지도에는 관심이 없다. 그는 한낮에 낚시하러 가고, 훈련시간에는 의자에 누워서 코를 골며 잠을 잔다. 하지만 이지봉은 박영자의 뜨거운 열정으로 인해 마음 을 바꾸고, 헌신적으로 학생들을 지도한다. 박영자는 이 지봉을 '정신적 죽음'의 상태에서 구해낸 조력자이자 재 생과 구원의 매개자인 셈이다.

한국 스포츠에서 여성 선수들은 각종 국제경기대회 에서 맹활약했다. 1996년 애틀랜타올림픽에서는 금메달 7개, 은메달 6개, 동메달 2개를 획득해 남성 선수들보다 우수한 성적을 기록했다. 또 여자양궁은 1988년 서울올 림픽부터 2020년 도쿄올림픽까지 9연패를 달성했다. 여 자핸드볼 국가대표팀은 1984년 LA 올림픽부터 2004년 아테네올림픽까지 5개 대회에서 연속으로 은메달 3개, 금메달 2개를 획득했다. 박세리, 김연아 선수도 스포츠 영웅으로 커다란 인기를 누렸다. 여성 선수들의 이런 활 약이 2000년대 스포츠영화의 여성 캐릭터에 영향을 미 쳤을 수도 있다.

2000년대 스포츠영화의 여성 캐릭터는 주체적, 진 취적, 능동적인 성격을 보여준다. 〈킹콩을 들다〉의 박영 자처럼 그들은 무수한 고난과 시련 속에서 강인한 의지 로 목표 달성을 위해 매진하고, 그런 행적이 관객에게 감동을 준다. 그렇다면 비인기 종목 출신의 장미란 선수 는, 박영자처럼 다시 한번 대중에게 희망과 용기를 주는 주인공이 될 수 있을까? 영화가 현실이 되기를 기대해 본다. ⒧Ⓓ

글·임정식
영화평론가. 영화를 신화의 관점에서 분석하는 작업에 관심을 가지고 있다.

세계 쟁점을
어떻게 이해할 것인가?

연례모임을 주관한 브누아 브레빌 발행인(오른쪽에서 두번째)과 안세실 로베르 편집이사(오른쪽에서 세번째)

〈르몽드 디플로마티크〉 국제판 연례모임,
2023년 6월 9일~10일, 프랑스 파리

〈르몽드 디플로마티크〉(르디플로)를 동시에 출간하는 전 세계 발행인들이 지난 6월 9일~10일 파리에서 머리를 맞대고 변화무쌍한 세계정세를 전망하고, 각 지역의 쟁점들을 정리했다. 또한, 종이 매체의 심각한 위기에 대응할 공동의 방안을 모색하는 시간도 가졌다.

지난 4월부터 세르주 알리미에 이어 〈르디플로〉 프랑스어판의 새 사령탑이 된 40대 초반의 브누아 브레빌 신임 발행인은 발제에서 "극우의 부상과 좌파의 후퇴라는 국제적 맥락에서 각국의 정치에서 전통적인 양당제가 무너지고 탈이데올로기 현상이 심화되고 있다"며, "특히 우크라이나 전쟁 이후 민주주의적 연대를 위한 국제정치는 실종됐다"고 지적했다. 14년 동안 〈르디플로〉를 이끌어온 세르주 알리미는 발행인에서 편집 고문으로 자리를 옮겼지만, 우리는 그의 통찰력 넘치는 글을 앞으로도 계속 접할 수 있을 것이다.

이번 〈르디플로〉 국제판 연례모임에서는 프랑스어판의 주요 경영진을 비롯해, 그리스, 독일, 스위스, 노르웨이, 이탈리아, 헝가리, 포르투갈, 아르헨티나, 칠레, 우루과이, 쿠르드, 이란, 한국, 일본, 중국 등 30여 국가의 발행인들이 참여해 의견을 교환했다. 본지는 독자들과 함께 세계정세에 대한 〈르디플로〉의 인식을 공유하고, 향후 편집 방향과 운영방침에 대한 독자들의 이해와 공감을 돕고자 연례모임의 핵심 내용을 게재한다.

"지구적 극우의 부상과 좌파의 퇴조"

브누아 브레빌 ▌〈르몽드 디플로마티크〉프랑스판 발행인

지난 15년간, 2008년 금융과 경제 위기를 시작으로 월가 점령 시위, 스페인의 로스 인디그나도스(Los Indignados, 분노한 사람들) 운동, 그리스의 긴축 반대 운동, 아랍의 봄, 중남미 좌파 운동, 프랑스의 밤샘(Nuit debout) 시위, 노란조끼 운동 등 신자유주의와 보수주의에 맞선 시도들이 있었다. 그러나, 이런 시도는 대부분 실패로 돌아갔다. (권력의 사유화가 두려워) 지도자를 앞세우거나, (권위주의를 피하고자) 위계조직을 구축하거나, (회유를 염려해) 정당이나 노동조합과 협력하거나, (모략과 중상의 세계로 불리는) 선거 게임에 뛰어드는 것을 거부했다.

하지만 이런 '순수주의'는 효율성을 희생시키는 결과를 낳았다. 2011년 10월 15일, 82개국 952개 도시에서 수백만 명이 모인 점령 시위(Occupy movement)는 사상 최대 규모의 전 세계적인 집회였다. 하지만 이들은 아무것도 쟁취하지 못했다. 노란 조끼 시위대는 토요일마다 수십 차례 행진을 이어갔다. 프랑스에서 가장 길게 이어진 사회 운동이다. 그들도 많은 것을 얻지는 못했다. 이집트 타흐리르 광장에서 '아랍의 봄' 집회가 열린 지 10여 년, 이집트에는 2011년 축출된 호스니 무바라크 대통령보다 더 지독한 압델 파타 알시시 독재 정권이 들어섰다.

〈르디플로〉의 기자 히샴 엘알라우이는 '아랍의 봄'에 대해 다음과 같이 설명했다. "이 운동을 주도한 청년들은 (...) 수직적 질서를 완강하게 거부했다. 왜일까? 수십 년간의 부패를 목격한 청년들은 정치 체제가 더럽다고 판단해 정치 제도를 불신했기 때문이다. 이상주의를 지키려면 순수함을 유지해야 했던 것이다. (...) 그러나 거리에서 아무리 많은 사람들이 모여, 아무리 거센 압력을 가해도 그 압력이 정치 제도에 반영되지 못하면 결국 주변부로 밀려날 수밖에 없다."

등식은 간단하다. 조직이 없으면 영향력이 없고, 영향력이 없으면 성과도 없다.

지난 15년 동안의 시위가 대부분 실패한 가운데, 의외의 결과도 나타났다. 바로 보수적이고 민족주의적인 반응이다. 적어도 한시적으로는 그렇다. 그리고 그 세력은 점점 확장되고 있다. 영국의 우익 브렉시트당, 미국의 트럼프, 브라질의 보우소나루, 헝가리의 오르반, 필리핀의 두테르테, 이탈리아의 멜로니, 스웨덴의 스웨덴 민주당, 스페인의 복스(VOX) 등이 그 예다.

이들이 패배한다고 해도, 이들의 움직임은 정치에 지우지 못할 흔적을 남긴다. 트럼프의 패배는 트럼프주의의 패배가 아니다. 여전히 기세등등한 트럼프주의는 쉽게 사그라지지 않을 것이다. 브라질도 마찬가지다. 보우소나루는 패배했지만 보우소나루주의는 사라지지 않았다.

양당제의 종말?

양당제 전통이 사라져가는 국가가 점점 더 많아지고 있다. (경제, 국제관계와 같은) 주요 사안에 관한 입장이 크게 다르지 않은 두 세력, 이른바 극단적 중도파가 서로 대립하는 형국을 우리는 목도하고 있다. 저물어가는 자유주의적 근대성에서 벗어나지 못하는 두 세력이 무수히 많은 적개심을 부추긴다.

정치판이 세 개의 블록으로 갈라진 국가가 점점 늘어난다. 극단적 중도파가 권력을 차지한 가운데, 좌파 진영은 활동의 체계화와 진전에 난항을 겪는다. 참고로 프랑스의 사회당(PS)과 공화당(LR), 대중운동연합당(UMP), 그리스의 범 그리스 사회주의 운동(Pasok), 이탈리아의 민주당, 브라질의 우파정당을 비롯한 전통적인 중도주의 좌파와 우파정당들은 입지를 잃고, 쇠퇴하며 사라져간다. 반면, 소위 '우익 대중영합주의' 바람을 일으키는 극우 정당들은 전 세계에서 세력을 확장하고 있다.

이런 극우의 성공은 국가별 차이가 있지만, 그 테마는 기본적으로 같다. 신화화된 과거에 대한 향수(이민자나 세계화가 없던 "옛날이 좋았는데")를 토대로 널리 확산된다. 쇠퇴해 가는 듯한 기분, 사라진 위대함에 대한 향수, 옛 질서로 회귀하고자 하는 열망은 트럼프주의(미국을 다시 위대하게 Make America Great Again)와 에리크 제무르의 담론의 핵심(『프랑스의 자살』, 재정복당 Reconquête)에서 잘 드러난다.

또 다른 공통 테마는 바로 모든 국가에서 극우 담론의 근간이 되는 반이민적 수사다("우리나라에서 우리끼리 살자"). 이런 이야기는 최근 프랑스 안시(Annecy)에서 일어난 놀이터 칼부림 사건의 경우처럼 뉴스거리를 통해 반복된다. 우파와 극우 진영의 날조로 외국인을 희생양으로 삼아, '난민'에 대한 대대적 '논의'가 시작된다. 곳곳에서 같은 구호가 반복된다. "지난 30년 동안 아무도 나서지 않았으니 이제는 우리가 앞장서겠다."

또 다른 공통적 테마는 농촌, 지역 사회, 전통적 뿌리다. 트럼프는 농촌, 소도시, 벽지 산골에 진정한 미국적 가치를 구현하는 '정통' 미국인이 있다는 생각을 전파했다. 이탈리아의 극우 정당 이탈리아의 형제들(Fratelli d'Italia)과 프랑스의 르펜도 마찬가지다. 프랑스의 우익 대중주의 정당인 국민연합(Rassemblement National, RN) 역시 현장의 현실에 무지한 엘리트나 파리의 의사결정권자가 아닌 '실제 국민'과의 친밀감을 강조한다. 농촌의 뿌리에 대한 강조는 대도시, 개방성, 국제주의, 기술 지향 등 '현대성'으로 대변되는 것들에 대한 혐오나 나날이 격화되는 비난과도 맞물려 있다.

이른바 '현대성'에 대한 우파 진영의 공격은 지난 수십 년 동안 현대성의 '위선'을 체험한 일부 노동 계층과도 결부돼 나타난다. 그런 이유로 (도시의) 지식인, 기술자, 고위 공무원, 전문가를 겨냥해 비판이 거세지고, 그들의 능력에 대해 의문을 제기한다. 엘리트 계층은 노동자들을 궁지로 몰아넣으면서도 자신의 이익은 양보하지 않는다는 인식도 팽배하다. 이런 인식은 정당, 국회의원, 언론인 등 다양한 엘리트 체제에 대한 깊은 불신으로 이어진다. 여러모로 합당한 불신이지만 진보의 출구를 가로막는 불신이기도 하다.

예컨대 미디어에 대한 불신은 자본주의적 미디어에 대한 대대적인 반발로 이어지지는 않는다. 그리고 수용자들을 독립적인 '대안' 미디어로 단번에 몰아가지도 않는다. 이는 도처에 만연한 불신의 문제다. 그렇게 사람들은 공개토론에 흥미와 관심을 잃고, 음모적 성향의 매체, 재구성된 미디어나 가짜 뉴스를 전파하는 대안 정보에 의존하게 된다.

대중의 이런 불만을 해소하려면, 좌파 진영의 노력이 절실하다.

가난과 극우의 함수관계

지리적 격차와 정치적 대립이 나타나고 있다. 학력과 경제력이 높으며, 개혁적인 대도시(파리, 런던, 뉴욕, 프라하, 바르샤바)와 상대적으로 학력과 경제력이 낮으며 보수적인 지역(농촌 지역 및 외각 지역) 간의 단절이다.

이런 단절은 전혀 새롭지 않다. 프랑스를 둘로 가르는 텅 빈 대각선, 미국 해안 지역과 내륙 지역, 이탈리아 북부와 남부, 런던 대도시 지역과 나머지 지역 간의 단절 등 대다수의 서구 국가들에서 계속됐던 현상이다. 그러나, 2008년 금융 위기 이후 특히 심화됐다. 프랑스의 경우 파리 지역의 1인당 국내총생산(GDP)은 2008~2016년 3%p 증가한 반면, 그 외 지역에서는 제자리걸음을 이어갔다. 같은 기간 미국에서는 대도시 지역 고용률이 4.8%p 상승하는 가운데 비수도권 지역의 고용률은 2.4%p 하락했다. 2008년 이후 영국에서는 국가 전체 고용 창출의 35%가 런던에 집중될 만큼 도농 간 격차가 심화됐다. 파리, 뉴욕, 런던, 암스테르담, 토론토에서 금융 위기는 일시적인 사건에 불과했다.

10년이 지난 지금, 고용시장은 호조를 보이고 부동산 시장은 회복됐으며, 투자가 몰려들고, (공영주택 단지에는 빈곤층이 남아 있지만) 그 어느 때보다도 부유층 비율이 높아졌다. 반면, 인구 밀도가 낮고 노동자 비율이 높은 지역은 경기 침체의 영향에 계속 시달리고 있다. 공장과 저숙련 일자리가 사라지면서 인구가 감소했고, 이는 다시 부동산 가격 하락과 지방 재정 위기라는 악순환의 고리로 이어졌다. 인구 감소, 일자리 감소, 주택 가격 하락은 지방 당국의 세수 감소를 의미하며, 공공 서비스와 기반 시설의 유지보수에도 영향을 미칠 수밖에 없다. 그러다 보면 지방은 매력을 상실해 점점 더 많은 사람이 다른 지역으로 이주하게 된다. 세계화와 재화와 용역의 자유로운 이동에 도전하는 극우 정당, 더 넓게는 '대중영합주의' 정당들의 지지도는 바로 이런 지역에서 가장 높게 나타난다.

2016년 미국 대통령 선거에서 도널드 트럼프는 소득 증가율이 가장 낮고 인구가 감소하고 사망률이 높아지는 카운티에서 선전했다. 프랑스의 국민연합과 영국의 브렉시트 찬성 정당들이 가장 높은 지지를 받은 곳은 부동산 가격 하락의 영향을 가장 많이 받은 지역이다. 반대로 자유무역, 녹색 자본주의, 개방성, 혁신을 옹호하는 '진보적인' 정당은 대부분 대도시에서 표를 얻었다. 2020년 미국 대선에서 민주당 후보 조 바이든은 주요 도시를 포함해 인구 밀도가 가장 높은 카운티의 약 90%에서 승리를 거뒀고, 워싱턴 카운티에서는 상대 후보 트럼프에게 겨우 5%만 내어주기도 했다.

헝가리도 상황이 비슷하다. 빅토르 오르반 총리의 최대 적수인 연구원 출신 녹색 정당(Párbeszéd, 헝가리를 위한 대화) 대표가 2019년 10월부터 부다페스트 시장을 맡고 있다. 체코에서는 유럽 내 '이민자 증가'를 비난하는 안드레이 바비시 총리와는 달리 8년 내 묘목 100만 그루 심기 목표를 세우고 난민들을 옹호하는 해적당 소속 의원이 2018년 11월에 프라하 시장으로 뽑혔다. 25년 전에 이슬람 보수주의자 에르도안 대통령의 근거지였던 이스탄불에서도 2019년에는 세속적인 사회민주주의 야당 출신 시장이 나왔다.

좌파의 '가치'가 지닌 양면성

동유럽권의 프라하, 브라티슬라바, 바르샤바, 부다페스트의 시장들은 2019년 12월에 '자유 도시 협약'에 서명했다. 이들은 현 정부가 '지난 세기에 유럽을 두 번이나 전쟁으로 몰고 갔으며 외국인을 혐오하는 민족주의'를 확산시킨다고 비난한다. 네 도시 시장들은 "우리는 시대에 뒤처진 주권, 정체성 같은 낡은 개념에서 벗어나 자유, 인간의 존엄성, 민주주의, 지속 가능성, 평등, 법치, 사회 정의, 관용, 문화적 다양성이라는 공동의 가치에 기반한 열린사회를 믿는다"라며 도시들이 "자원을 공유하고 아이디어를 교환하도록" 장려하기로 했다.

미국에서도 도널드 트럼프 대통령 재임 기간 내내 대도시들은 대통령의 정책에 앞장서서 반기를 들었다. 2017년 1월, 트럼프 미 대통령이 취임하자마자 샌프란시스코, 로스앤젤레스, 시애틀, 보스턴, 뉴욕, 워싱턴, 디트로이트, 시카고 시장들은 불법 이민 규제를 강화하는 내용을 골자로 한 트럼프 대통령의 행정명령을 이행하지 않을 것이라고 밝혔다. 보스턴 시장은 이 법안이 '파괴적'이고 '반미적'이며, '보스턴의 사람들, 보스턴의 힘, 보스턴의 가치에 대한 공격'이라고 비난하면서 트럼프 행정부를 지탄했다. "선거 결과가 우리 도시와 우리의 가치를 바꾸진 못할 것이다. (...) 우리는 연방 정부 공무원이 아닙니다." 몇 달 후, 대도시들은 환경 문제로 또 한 번 반기를 들었다. 미국의 일부 도시는 트럼프 대통령의 파리 기후 협약 탈퇴 결정과 무관하게 협약을 계속 지지하겠다는 뜻을 밝혔다.

영국에서는 브렉시트가 분열의 불씨를 던졌다. 2016년 6월 국민투표 이후, 런던의 독립을 선언하고 EU에 합류할 것을 요구하는 서명 운동이 벌어져 불과 몇 주만에 18만 명의 동의를 얻기도 했다. 사디크 칸 런던 시장은 수도의 분리 독립까지는 바라지 않았지만, 중앙정부와는 다른 길을 걷고자 했다. 서명 운동 결과가 나오고 나흘 후에 칸 시장과 안 이달고 파리 시장은 〈파이낸셜 타임스〉와 〈르 파리지앵〉을 통해 공개서한을 발표했다. "파리와 런던은 출신을 불문하고 누구든지 자기 집처럼 편안히 머물 수 있는 도시다. 우리는 파리와 런던의 시장으로서 유럽과 전 세계 도시 간의 더욱 굳건한 동맹을 구축하기 위해 더 긴밀히 협력하기로 했다. 힘을 합치면 민족국가의 무기력과 로비 세력에 대항하는 강력한 균형추 역할을 할 수 있다. 힘을 합쳐 우리는 다음 세기를 열어갈 것이다."

칸 런던 시장은 관광객과 투자자들을 안심시키기 위해 #LondonIsOpen(런던은 열려 있다) 해시태그 구호를 중심으로 홍보 캠페인을 벌였다. 상공 회의소와 시티오브런던 법인(City of London Corporation), 여러 싱크탱크와 다국적 기업의 협조를 받아 런던에서만 유효한 취업 비자 발급과 유럽연합과의 관계를 위한 수도 런던의 예외적 특수성을 요구했다. 이 요구들 중 실현된 것은 하나도 없지만, 칸 시장은 예상치 못한 국제적 위상을 얻었다. 이제 그는 외교부 장관과 국가 원수들(캐나다의 쥐스탱 트뤼도 총리, 아르헨티나의 마우리시오 마크리 대통령, 프랑스의 에마뉘엘 마크롱 대통령 등)과 어깨를 나란히 하고 연단에 서게 됐다.

친환경, 유기농의 '계급성'

일반적으로 좌파는 윤리적 '가치'에 초점 맞추는 이런 접근을 좋아한다. 일례로 프랑스 좌파 언론은 미국의 성역 도시 운동을 매우 긍정적으로 다뤘다. 하지만 이런 접근의 부수적인 결과에 관심을 가지고 비판적으로 검토할 필요가 있다. 사실, 이런 접근은 대도시 지역이 국가의 다른 지역 운명에는 무관심하다는 생각을 더 깊이 각인시킨다. 결과적으로 도시와 농촌의 분열을 부추긴다. 특히 이런 식의 접근은 사회 지리적 분열을 문화적 갈등, '가치'의 갈등으로 바꾸는 데 한몫한다. 대도시 지도자들이 소위 '개방주의'에 대한 반대를 논할 때 끊임없이 '가치'라는 단어를 쓴다. 결국 분열은 세계화, 자유무역, 지식 인력의 이동, 값싼 이민 노동자의 혜택을 보는 지역과 고통 받는 지역 간 분열이 아닌, 개방적이고 미래지향적인 지역과 전통적이고 폐쇄적인 지역 간 분열로 바뀐다.

오래전부터 있었던 지리적 격차가 불과 최근 몇 년 사이에 두드러진 것은 그 격차가 문화적 격차, 사회 계층 간의 가치관 차이로 바뀌었기 때문이다. 대도시 부유층들은 비슷한 생각을 하는 사람들과 점점 더 빈번히 교류하면서 노동자 계층과는 점점 더 동떨어진 취향과 소비 습관, 생활방식을 누리게 됐다. 하지만 (언론, 당위적 문화, 공공 담론은) 이들의 삶을 추종해야 할 규범처럼 선전하고 있다. 이런 경향은 식생활, 여가 활동, 교통수단 등에서 나타난다. 너무 짜고 기름진 음식, 가공식품 비중이 높은 식생활을 개선할 필요는 있다. 그러나 윤리적 측면을 강조해 환경보호를 주장할 경우, 환경보호는 도시, 특히 도시 상류층이 외부에서 강요하는 공격적 현대화가 될 위험이 있다.

극우파의 투표에 관한 〈워싱턴 포스트〉 기자와의 인터뷰에서 오스트리아의 어느 농부는 "이제 모든 것이 유기농"이라며 이렇게 말했다. "도시의 엘리트들은 매사에 제약과 규제를 만들어냅니다. 곧 사냥까지 금지할지 모릅니다." 그래서 '집약적인 농업방식에 대한 맹렬한 비판'은 농촌 지역에서 굉장히 부정적으로 인식된다. 집약농업에 따른 대가를 치르는 농촌에 일종의 낙인을 찍는다고 보기 때문이다. 이 점을 간파한 극우파는 농촌에 대해 무지한 도시의 진보주의자들에 맞서 농촌을 비호하는 듯 행세한다.

이 새로운 정치 지형은, 결과적으로 엘리트에 대한 거부감과 함께, 엘리트화 되어 가는 좌파에 대한 거부감을 키운다. 트럼프의 예를 보면, 2016년과 2020년에 엘리트층 전체가 트럼프에 반대하는 견해를 보였다. 이런 경향은 지금도 변함이 없다. 재계 지도자들, 언론계, 학계, 안보 당국, 고위 공무원, 예술가들이 그들이다. 그들은 트럼프가 "무능한 러시아 첩자"라고 하기도 했다. 트럼프는 주요 SNS에서 계정이 정지됐고, 기소돼 법정에 섰다. 어쩌면 투옥될지도 모른다. 그럼에도 그는 여전히 공화당의 가장 유력한 차기 대선 주자로 거론되고 있다. 트럼프 지지자들은 여전히 그에게 높은 기대를 가지고, 각종 비난을 야권 정치 지도자의 집권을 막기 위한 기성 정치 세력의 책략쯤으로 여긴다.

30개 국가의 국제판 발행인들이 열띤 토론을 벌이고 있다.

투표율과 학력의 함수관계

이런 변화는 제도 정치에 대한 불만과 불신으로 이어진다. 그 첫 번째 징후는 기권율이 높아진다는 것이다. 프랑스 의회는 그림자 연극판으로 전락했다. 2022년 6월 2차 총선에서는 등록 유권자 53% 이상이 기권을 택했다. 여기에 미등록 유권자 5~6%를 더하면, 프랑스 국민의 약 60%가 국회의원 선거에 투표하지 않았다는 것이다. 뒤집어 말하면, 의회의 다수당을 결정한 것은 프랑스 국민의 40% 이하라는 것이다.

투표장에 빠지지 않는 사람들의 유형은 다음과 같다. 프랑스의 관련 연구보고서에 따르면, 연령과 학력이 높은 사람의 투표율은 80%에 달하는 반면, 저학력 청년층은 기권율이 80%에 달하는 것으로 나타났다. 관련 연구 결과에 따르면, 소득과 학력, 거주지역과 투표의 상

관관계는 많은 변화를 보이고 있다. 몇 가지 예를 들어보자. 1977년 파리에서 공산당은 20개 구 중 4개 구에서, 사회당은 2개 구에서 승리했다. 당시 수도에는 노동자 거주 구역이 적지 않았다. 이후 1983년과 1989년에 우파는 20개 선거구를 모두 휩쓸었다. 수도의 젠트리피케이션도 변화 요인들 중 하나다. 2001년, 2008년, 2014년, 2020년에는 좌파와 녹색당이 파리 대다수 선거구에서 승리했다.

부르주아지 진영은 과거와 다르다. 미국 뉴욕에서는 도널드 트럼프의 전 개인 변호사를 역임한 공화당 출신의 루돌프 줄리아니가 오랫동안 시장을 지냈다. 대선에서 도시 인구의 80%가 민주당에 투표하는 뉴욕에서는 이제 공화당의 우세는 상상할 수 없는 일이다. 닉슨, 레이건, 부시 대통령 시절에 캘리포니아에서는 공화당에 투표하는 비율이 더 높았다. 오늘날 트럼프 지지율이 가

장 높은 주로 꼽히는 웨스트버지니아(농촌과 빈곤층 비율이 높은 지역)는, 2000년까지만 해도 민주당과 노동조합의 거점이었다. 미국에서 학력은 투표의 주요한 변수가 됐다. 미국에서는 고학력자가 민주당에 투표한다. 프랑스에서는 마크롱 지지층이 고학력자로 대표되는 반면, 극우 정당인 국민연합(RN) 지지층은 저학력자들이 주를 이룬다. 좌파는 이런 사회학적, 정치적 변혁을 두루 고려해야 한다.

국제관계의 탈이데올로기

냉전 직후, 사람들은 미래를 어떻게 예측했을까? 소련 붕괴 이후 사람들은 미국 중심주의, 혹은 대서양주의라고도 불리는 서구적 질서가 전 세계를 좌우할 것이라고 상상했다. 프랜시스 후쿠야마가 '역사의 종말'을 선언하며 제국 간, 문명 간, 정치와 경제 모델 간의 충돌이 종식된다고 주장하던 시기다. 1990년대에 동구권 국가들은 신자유주의와 민영화로 급격히 전환했다. 당시 일각에서는 자유주의와 민주주의 질서에 따라 '전 세계의 미국화'로 전 세계 모든 이들이 세계화의 햇살 속에서 살아갈 것이라고 여기기도 했다. 달러, 자유무역, 미국 브랜드(나이키, 맥도날드 등)가 의기양양하게 과거 공산주의 블록의 국가를 점령했다.

전 세계의 미국화라는 주장에 대해 일부 분석가들은 세계의 축이 '새로운 방향으로 기울 것'이라고 전망했다. 미국 중심의 질서가 신흥 강대국들이 이끄는 대안적 세계 질서의 도전을 받을 것이라는 생각이다. 브라질, 러시아, 인도, 중국의 머리글자를 딴 BRIC은 이후 남아프

언론을 위협하는 '가팜(GAFAM)'의 위력

2022년은 전반적으로 성과가 좋은 한 해였다. 월평균 유료 발행부수가 17만6,400부에 달해 2021년 대비 0.4%, 예산 대비 5.9% 상승했다. 하지만 아쉬운 점도 있었다. 판매부수는 상반기와 하반기가 크게 엇갈렸다. 상반기에는 우크라이나 전쟁으로 인해 높은 판매부수를 기록한 반면, 하반기에는 위축됐다. 2022년 8월호까지는 2021년보다 실적이 좋았지만, 상승세는 9월부터 꺾이고 말았다.

안타깝게도 2023년 초에도 이런 추세가 이어졌다. 1월은 실적은 괜찮았지만 2월과 3월은 매우 부진했고, 1분기 평균 유료 발행 부수는 16만 2,200부로 예산 대비 2.7% 낮았다. 그 원인으로는 부진한 뉴스, 대선 직후에 감소하는 판매량, 우크라이나 전쟁에 대한 피로감, 문화 관련 지출을 줄이게 만드는 인플레이션의 여파, 코로나 팬데믹 2년간의 상승세 이후 침체기 등 다양하다.

우려스러운 점으로, 2021년부터 감소세를 이어가는 홈페이지 트래픽을 빼놓을 수 없다. 여기에는 몇 가지 이유가 있다. 우리는 SNS 매체 중 페이스북과 트위터에 온라인 홍보 역량을 집중해왔다. 그런데 최근 몇 년 동안 이 두 플랫폼은 청년들 사이에서 인기가 떨어졌다. 요즘 청년들은 인스타그램이나 틱톡과 같은 플랫폼을 선호한다. 하지만 해당 플랫폼은 〈르디플로〉의 존재감이 미약하며, 이미지 중심이므로 텍스트의 파급력이 낮다. 페이스북 알고리즘 변화도 부정적인 결과를 가져왔다. 사용자의 '담벼락'에 우선순위를 부여하는 알고리즘이 도입된 이후, 정보나 정치 콘텐츠보다는 개인 콘텐츠와 사진이 먼저 노출된다.

이런 변화는 〈르디플로〉에만 영향을 주는 것이 아니다. 전 세계 모든 미디어가 영향을 받는다. 알고리즘만 바꿔도 신문을 아예 보이지 않게 할 수 있는 빅테크(Big Tech) 기술 기업들, '가팜(GAFAM, 구글, 애플, 페이스북, 아마존, 마이크로소프트)'의 위력을 보여준다. 광고 의존도가 높았던 언론사는 특히 큰 타격을 입었다. 완전히 추락한 인터넷 매체도 있다. 미국 온라인 뉴스 사이트 〈버즈피드(Buzzfeed)〉는 뉴스 부서를 정리하고 인력의 15%를 해고했다. 독일 미디어 그룹 〈악셀 스프링거(Axel Springer)〉는 2023년 초에 "기업 건전성과 경쟁력을 지키기 위해" 인력의 10%를 감축하겠다고 발표했다. 지난 3월에는 〈복스(Vox)〉, 〈더 버지(The Verge)〉, 〈뉴욕 매거진(New York Magazine)〉을 소유한

리카 공화국이 더해져 BRICS로 바뀌었다. 세계의 축이 변화하고 있다는 주장은 2010년대 초에 절정에 달했다. 이후 BRICS는 학술이나 언론 약어가 아닌 매년 개최되는 정상회담의 공식명칭이 됐다.

동시에, 외견상으로는 미국이 국제무대에서 후퇴하는 광경을 목격했다. 오바마는 2008년 전 세계에서 벌어지는 미국의 전쟁과 교전을 종식시키겠다는 공약을 내걸고 대통령에 당선됐다. 아프가니스탄과 이라크에서의 패배에서 교훈을 얻어야 한다는 생각이었다. 수만 명의 목숨과 수천억 달러의 비용, 국가 이미지에 입은 영구적인 타격 등 전쟁에서 잃은 것밖에 없었기 때문이다. 이와 같은 2010년대 초, 힐러리 클린턴의 국무장관 시절 미국은 아시아 중시(Pivot-to-Asia) 외교 정책을 도입했다. 그 이전까지 미국은 석유와 가스 공급망 확보를 위해

주로 중동에 외교력을 집중하고 막대한 투자를 했다.

그러나, 에너지 시장의 판도가 달라졌다. 셰일 가스와 석유의 가격 상승, 채굴 기술 혁신으로 수익성이 높아졌기 때문이다. 미국은 자국의 노스다코타, 텍사스, 그리고 인근 국가 캐나다 앨버타에 널리 분포한 탄화수소 덕에 에너지 자립을 공고히 했다. 미국은 중동에서 철수한 후, 아시아에 군사외교 자원을 재배치해 에너지와 무역 공급로를 확보할 수 있게 됐다. 중동지역에서의 미군 철수는 시리아 전쟁 중 극명히 드러났다. 미국과 프랑스 강경파가 거듭 호소했고, 바샤르 알아사드 정권이 '레드라인(금지선)'으로 규정한 화학무기를 사용했지만, 미국은 지상군을 투입하지는 않았다. 리비아에서도 최소한의 개입만 이뤄졌다. 카다피 축출을 위해 유엔 안보리가 결의한 리비아 비행금지구역을 넘기는 했지만 말이다.

복스 미디어그룹이 직원 7%를 정리해고했다. 프랑스에서도 〈부아 뒤 노르(Voix du Nord)〉,〈미디 리브르(Midi Libre)〉 등, 인력을 정리해고하는 언론이 늘고 있다.

〈르디플로〉의 상황은 그래도 양호한 편이다. 매출은 줄고 전기요금, 종잇값 등 각종 비용이 늘긴 했지만, 2023년에도 수입과 지출의 균형을 유지할 수 있을 것으로 전망한다. 하지만 우리는 더욱 분발해야 한다. 그런 취지에서 몇 가지 개편사항을 공유한다.- 홍보자료 재구성: 최근 우리는 독자들에게 보내는 각종 서신(재구독 안내 및 구독 유지 제안 등) 등 홍보자료를 모두 검토한 후, 수년간 고정적으로 사용해온 문구를 더 매력적이고 설득력 있게 손질했다.

- 소식지 재구성: 우리는 월 1회 '전망'이라는 제목으로 독자들에게 소식지를 보낸다. 해당 월 기사의 이해를 돕는 과거 기사를 선별해 전송하는 것이다. 그런데, 초기에 비해 소식지의 효과가 줄었다. 열어보는 사람도 링크를 클릭하는 사람 수도 초기보다 적다. 그래서 새로운 방식을 도입해 더 적극적으로 시사 쟁점을 전달할 예정이다. 되도록 한 달에 두 번씩 소식지를 발송하고, 편집진이 기록물 가운데서 엄선한 기사를 소개하는 짧은 글과

지도, 통계치, 인용구를 깔끔한 배열로 담아낼 것이다. 소셜 네트워크를 통한 접근이 예전보다 더 어려워졌다. 따라서 이메일로 직접 콘텐츠를 제공하는 등 색다른 접근이 필요하다.

- 애플리케이션 출시: 현재 〈르디플로〉를 전자문서로 읽는 형식은 PDF뿐이다.(한국어판의 경우 온라인 서점을 통해 전자책으로 읽을 수 있다 - 역주) 화면을 확대하거나 끌어올려 문단을 이동하는 이 방식은 편리하지 않다. 그래서 가을부터는 태블릿, 전자책 단말기, 휴대전화에서도 직관적으로 읽을 수 있는 더욱 편리하고 실용적인 애플리케이션을 제공하려고 한다. 현재에는 온라인 구독자의 비중이 낮지만, 애플리케이션을 통해 온라인 구독자가 늘기를 기대해 본다. 가을에 애플리케이션이 출시되면 편집팀의 협조로 준비한 다양한 마케팅을 시도할 예정이다(홈페이지상의 '열린 공간의 날', 특별 구독 상품 등).

- 연 2회 지도 부록 제공: 11월~12월은 미디어 지도, 2024년 봄은 탈세, 조세 회피처 지도 등

- 도안 개선 작업: 미술팀에서 진행 중

- 2024년 특별호: 『르몽드 역사 교과서 비판(하나일 수 없는 역사)』개정 및 증보판 발간. **Ld**

미국의 군사적 철수나 자원 재집중으로 전 세계 균형의 축이 달라졌을까? 지난 10년 동안 다른 강대국이 등장해 국제무대를 주름잡거나 세계 질서를 재편했을까? 세계의 서구중심주의 종식의 신호탄이 됐을까? 미국이 떠난 공백을 다른 국가, 다른 강대국이 대신했다는 점에는 의심의 여지가 없다. 미국이 시리아 개입을 거부하자 러시아는 중동에서의 영향력, 무엇보다 군사적 영향력을 확대해 러시아, 이란, 시리아 간의 결속을 강화했다. 이 상황은 미국에 불리하게 작용했다. 아프리카에서도 같은 현상이 나타난다. 지난 10년 동안 중국과 러시아가 아프리카에서 경제투자, 군사협력, 소프트파워로 영향력을 키웠고, 아프리카 대륙용 뉴스 채널도 개설했다. 러시아에서 방송하는 국제보도 전문 채널 〈러시아 투데이〉 방송이 유럽연합에서 금지됐을 때도, 프랑스어판 채널은 아프리카 프랑스어권에서 계속 운영됐다.

이 모든 상황은 다자 국제질서의 출현이 아니라, 동맹관계의 강화를 의미한다. 국가 간 동맹관계는 일시적으로 교차되기도 하지만 주로 평행선상에 병렬적으로 유지된다. 2023년 5월 19일, 놀라운 사건들이 일어났다. 그날에 세 가지 국제 정상회담이 열렸다. 일본 히로시마에서는 G7 회담이, 중국 시안에서 중국-중앙아시아 정상회담이, 그리고 사우디아라비아 제다에서는 제32회 아랍연맹(AL) 정상회의가 열렸다. 그보다 3개월 전에는 에티오피아 수도 아디스아바바에서 아프리카연합 정상회담이 열리기도 했다. 같은 날 세계 곳곳에서 정상회의가 열리는 현실은 이제 세계가 '국제공동체'라는 개념에서 멀어져, 경제, 문화, 인구, 군사 분야에서 서로 경쟁하는 다양한 블록으로 분열됐음을 보여줬다.

세계는 이념적 충돌이나 경쟁을 벌이지 않는다. 국가 간 동맹의 변화는 특정 이념과는 무관하게 일어난다. 따라서 그 방향과 빈도를 예측하기가 어렵다. 탈이데올로기화는 전 세계의 미국화인지, 아니면 새로운 축의 도래인지를 예측하게 해주는 힌트가 되기도 한다. 어떤 의미에서 서구화된 세계의 배경에는 '축의 변화'라는 맥락이 깔려있다. 중남미처럼 미국의 뒷마당이었던 지역에서도 미국의 헤게모니가 도전받고 있는 것은 엄연한 사실

이다. 일방적으로 행동할 경우, 미국도 세계에서 자발적, 비자발적으로 소외될 수밖에 없다. 미국은 1980~1990년대 일본과 같은 경쟁국뿐 아니라 중국과 러시아 같은 적대국도 상대해야 한다.

2000년대 초부터 미국은 아프가니스탄과 이라크에서 두 번이나 참패했다. 미국은 두 국가를 장기간에 걸쳐 침략하고 점령해 힘이 약해졌다. 그러나, 소득은 전혀 없었다. 미국은 오히려 경제적으로나 이념적으로나 부정적인 결과만 얻었다. 미국은 자국의 질서에 복종하기를 거부하는 국가들, 이제는 그럴 만한 역량을 갖춘 여타 다른 국가들과 힘을 공유해야 한다. 미국이 설파하는 민주주의와 '자유의 가치 수호'에 아무도 귀 기울이지 않는다. 얼마나 위선적인 말인지 알게 됐기 때문이다. 우크라이나 전쟁에 관한 세계 각국의 입장만 봐도 알 수 있다.

북반구에서는 우크라이나 전쟁에 관한 의견이 대체로 일치한다. 전시에 단일한 사고방식이 강요되듯, 반대 진영의 목소리는 묻히곤 한다. 하지만 인구가 많은 남반구의 시각은 다르다. 우크라이나 전쟁에 대한 이 '다른 시각'은 테드로스 게브레예수스 세계보건기구(WHO) 사무총장의 발언으로 요약된다. 그는 사람들이 흑인과 백인 삶에 동등한 관심을 쏟지 않고, 예멘이나 에티오피아 북부 티그라이인의 생명과 우크라이나인의 생명을 동등하게 여기지 않으며, 일부는 다른 이들보다 "더 평등하다"라고 말했다.

이런 발언은 여러 국가의 기권을 불러왔다. 우크라이나에 관한 유엔(UN) 결의안 채택 당시 아프리카 국가들을 비롯한 여러 국가가 기권한 것이다. 기권국 중에는 독재 정권 국가뿐 아니라 남아프리카공화국, 인도, 아르메니아, 멕시코, 세네갈, 브라질도 있었다. 언론인 알랭 그레시는 지난해 〈르디플로〉에 기고한 글에서 트리타 파르시의 흥미로운 연구 결과를 인용했다. 파르시는 지난 2022년 3월 26일~27일에 전 세계 정치인, 언론인, 지식인 2천여 명이 모인 도하 포럼에 참석한 이후 이렇게 평가했다.

"남반구 국가들은 우크라이나 국민의 고통에 공감하고, 러시아를 침략자로 본다. 하지만 '법에 따른 질서

유지'라는 구실로 러시아와의 경제 관계 단절이라는 무거운 희생을 강요하는 서방의 요구에는 거부 반응을 일으켰다. 여태껏 그 질서에 따라 면책권을 얻어 국제법을 위반한 국가가 바로 미국이기 때문이다."

한 마디로, 미국은 더 이상 전 세계에 자국의 시각을 강요할 수 없게 됐다. 저항에 직면하게 된 것이다.

'미국의 쇠퇴'라는 후렴

그러나 미국의 제국주의를 묻어버리려 한다면 실수하는 것이다. 여기에는 몇 가지 이유가 있다. 우선, 반미주의 국가들은 새로운 세계의 대안적인 이상을 내놓지 못하고 있다. 미국이 주도하는 세계 질서를 비난할 뿐, 새로운 질서를 제시하지 못하는 것이다. 앞서 탈이데올로기화를 언급한 것도 이 때문이다.

19세기와 20세기에는 제국주의자 대(對) 식민지 국민, 자본가 대(對) 공산주의자, 세계화의 사도 대(對) 반세계화주의자와 같은 대립이 뚜렷했다. 정치적 반대는 지정학적 반대로 풀이되어 외교적 동맹으로 이어졌다. 여러 면에서 오늘날의 세상은 더 이상 그렇게 돌아가지 않는다. 현대의 지정학적 긴장은 점점 더 국가가 원자재,

무역로에 대한 접근권을 놓고 분쟁을 벌이는 입지 전쟁을 방불케 하지만, 아무도 진정으로 새로운 세계 질서를 옹호하거나 제안하지 않는다.

2017년 다보스 경제포럼에서 중국이 자유무역을 옹호했지만 트럼프가 이끄는 미국은 이를 비판했다는 점도 시사하는 바가 크다. 이처럼 미국은 비난과 도전을 받고 있지만, 반대론자들은 현재의 세계 질서를 실질적으로 문제 삼지는 않는다. 중국과 러시아는 모두 자본주의적인 소비사회다. 두 국가 모두 국제통화기금(IMF), 세계무역기구(WTO), 국제연합(UN), 세계은행 등 주요 국제 금융 기구나 외교 기구를 문제 삼지 않는다.

미국은 쇠퇴한다는 이야기가 나올 때 항상 배수진을 치고 기사회생의 발판을 마련한다. 가까운 예가 바로 우크라이나 전쟁이다. 미국은 이 전쟁을 최대한 활용했다. 따라서 분쟁의 신속한 외교적 해결책을 마련하지는 않았다. 미국은 가스와 석유를 자급자족하기 때문에 에너지 가격 상승에 따른 피해도 거의 없었다. 대(對) 러시아 제재는 유럽 국가들의 무역과 남반구 국가로의 식량 공급에 차질을 빚지만, 미국에는 피해가 없다. 적국인 러시아가 우크라이나에서 벌어진 길고 비용이 많이 소모전으로 지쳐가는 상황에, 미국이 불만을 가질 이유가 없다.

국제판 발행인들 간의 토론

[편집 방향]
- 사회 속 심각한 분열 문제를 찾아내, 그에 관한 특집 기사를 실어야 한다.
- 〈르디플로〉 칠레판의 학생 운동 기사처럼 사회운동 동향을 파악하고, 그들의 목소리를 담아야 한다.
- 유럽연합의 구조에 대한 비판에 더욱 주력해야 하고, 노동자 계층의 목소리를 담아야 한다. 아울러 노동자 계층의 실상과 행적도 분석해야 한다. 분석을 통해 변화를 더욱 깊이 이해하고, 성찰할 수 있도록 장기적 접근 방식을 취해야 한다.

- 고용이냐, 환경이냐? '이데올로기적 종말을 맞는 이데올로기'와 같은 모순적인 문제를 잘 살펴야 한다.
- 발칸 반도의 정치나 포르투갈의 백신 확보 사례 같은 진보적인 유럽의 면모와 대서양주의에 동참하거나 자본을 통한 노동지배를 우선시하기도 하는 유럽의 상반되고 모순적인 면모도 다룰 수 있을 것이다.
- 〈르디플로〉가 주권주의, 좌파 대중영합주의, 민족주의와 그 모순에 관한 토론의 장으로 기능할 수 있을까? **ID**

우크라이나 전쟁이 미국에 유리하게 작용한 점이 또 하나 있다. 냉전 종식과 함께 존재 이유가 없다는 평가를 받아온 북대서양조약기구(NATO)의 협력을 끌어냈다는 점이다. 2019년 12월에 프랑스의 마크롱 대통령은 NATO가 '뇌사' 상태에 빠져 있다고 평가했다. 주의할 점이 있다. 프랑스를 비롯한 몇몇 국가에서는, 미국이 우크라이나 전쟁으로 이익을 얻었다고 주장하면 비난을 받는다는 것이다. 모스크바의 손에 놀아나고 블라디미르 푸틴을 지지한다고 말이다. 대서양주의 전략에 대한 비판을 '친러시아적 행동'이라고 몰아세우는, 지능적 협박인 셈이다.

국제무대에서 미국의 쇠퇴라는 주제는 제2차 세계대전 때부터 거듭 대두됐고, 쇠퇴와 승리가 반복됐다. 1945년, 제2차 세계대전 종전 직후 승전국 미국은 마셜 플랜(Marshall Plan)을 실행했다. 하지만 그로부터 5년 후인 1950년, 이미 과도한 예산 투입으로 인한 미국의 쇠퇴를 우려했다. 1949년 소련의 첫 번째 핵실험과 1957년 스푸트니크 위성 발사 당시에도 미국의 '기술 쇠퇴' 우려가 공론의 중심에 있었다. 1960년 민주당 대선 후보였던 존 F. 케네디는 이렇게 개탄했다. "미국은 소련에 비해 쇠퇴했고, 공산주의는 점차 세계 각지로 확산하고 있다."

케네디는 당선되자마자 방향을 바꿔 취임 연설에서 이렇게 말했다. "우리는 어떤 부담도, 어떤 고난도 감수할 것이다. 또한 어떤 우방이라도 응원할 것이다. 우리는 자유를 쟁취하고 지속시키기 위해 어떤 적과도 맞서 싸울 것이다." 1960년대는 낙관주의가 만연했다. 시민권 법안과 강력한 성장에 힘입은 린든 존슨 대통령의 '빈곤과의 전쟁'은 평화로운 국가라는 이미지를 심어줬다. 공산주의의 확산에는 제동이 걸린 듯했고, 우월한 우주기술의 상징으로 미국인들은 1969년 달에 발을 내디뎠다.

하지만 2년 후, 경제학자 폴 스위지와 해리 매그도프는 이미 '미국 패권의 종말'을 언급했고, 이 말은 10년 동안 후렴처럼 반복됐다. 이 시기에 미국은 복합적인 내부 문제(달러의 금본위제 폐지, 워터게이트 사건, 오일 쇼크, 경제 위기 시작, 금리 인상, 가계 부채 등)와 대외 문제(베트남의 철수, 소련의 아시아와 아프리카 진출, 이란 혁명, 테헤란 주재 미국 대사관 인질 사건 등)에 직면했다. 쇠퇴에 관한 이야기로 돌아와서, 미국은 쇠퇴국이 됐다가 하루아침에 패권국으로 떠오른다. 그 주기는 언론과 정치 동향에 따라 달라진다. 역설적으로, 미국 쇠퇴라는 이 후렴은 미국에게 이득을 준다고 볼 수 있다. 미국이 역사의 격변을 극복하고 계속 다시 일어설 수 있는 국가라는 이미지를 구축해주기 때문이다. **LD**

정리·안세실 로베르 Anne-cécile Robert
<르몽드 디플로마티크> 편집이사
성일권
<르몽드 디플로마티크> 한국어판 발행인

번역·이푸로라
번역위원

학생과 교사의 인권,
서로를 지탱하는 학교의 기둥

초등학교 교사의 사망 이후 전국학부모연합회 소속단체에서 활동하는 일부 보수 성향 학부모들과 청주시민단체 '행동하는 학부모 연합회' 대표는 젠더, 성 평등, 인권 등을 다룬 어린이·청소년 도서가 '유해도서'라며 공공도서관에 열람 금지 및 폐기를 요구하고 나섰다.
이에 도서관들은 민원을 제기 받은 도서출판 117종의 유해성 유무를 결정해달라고 간행물윤리위원회에 의뢰하고, 지난 18일에는 대한출판문화협회에 공문을 보내 유해성 유무의 의견서를 보내달라고 요청하는 등 파장이 커지고 있다.
이들 보수 성향 학부모들이 금서로 낙인찍은 책들 중 한 권인 『10대를 위한 빨간책』을 번역한 작가 목수정씨는 "현대판 분서갱유의 섬찟함을 느낀다"고 말했다.(─편집자 주)

목수정 ▮작가

4 0대 이후 세대들은 대개 학교에 대한 트라우마가 있다. 주로 교사들에게 두들겨 맞은 경험, 그들의 차별에, 막말에, 부당한 처사에 상처받은 경험들이다. 그땐 교사라는 직업이 상당한 권위를 가지고 있었다. 때론 존경받기도 했지만, 경멸당하기도 했다. 걸핏하면 약자를 향해 주먹을 날리는 사람들은 어떤 식으로든 그 대가를 치르게 돼 있다. 그런 폭력적 교단의 피해자는 학생일 뿐 아니라 교사 자신이기도 했다. 즉 사회 전체였다.

68혁명이 유럽 전역을 휩쓸었을 때, 유럽의 교육계도 그 혁명의 물결에 함께 했다. 세상의 모든 역겨운 권위주의를 향한 항명이었던 68혁명 속에서 교사들과 학생들은 함께 권위적 교단이 저지르는 만행에 일제히 항거했다. 당시 덴마크의 교사들이 함께 썼고, 유럽 전역에 출간됐던 책 『0대를 위한 빨간책』을 2016년 내가 번역해 레디앙에서 출간했다. 50여 년 전 경직된 유럽의 교단을 개혁하기 위해 교사들이 쓴 이 책이, 2023년 한국의 보수 성향 학부모들이 줄지어 폐기를 요구하는 불온서적 목록에 올라가 있다고 한다.

21세기에 분서갱유와 마녀사냥이 웬 말인가?

서이초 교사 사망 사건 이후, 학생 인권 조례가 교사 사망의 주범인 듯 몰아가는 단순 과격한 사고를 하는 자들이 대통령의 용궁에도, 저잣거리에도 있다고 한다. 일부 보수 성향 학부모 단체가 학생 인권을 주제로 다룬 120권의 책을 '유해 도서'로 규정하고, 이를 도서관에서 퇴출시키기 위해 행패를 부리는 중이며, 전국의 도서관들이 이들의 항의 전화 때문에 업무가 마비될 지경이라는 소식이다. 마치 중세의 마녀사냥과 진시황의 분서갱유가 21세기의 한국에서 함께 재현되는 듯한 모습이다.

학생 인권이 올라가면 교사 인권이 내려가고 학생 인권이 내려가야 교사 인권이 올라갈 거라는 웃지 못할 시소 이론에 올라탄 인간이 극단적 사고에 경도된 소수라면 그러려니 하겠지만, 이 사태에 대한 책임 회피와 정쟁을 위해 검찰 정권이 앞장서 이런 생각을 퍼뜨리고, 학부모라는 자들이 이에 선동돼 떠들고 나선다면 한국 사회는 심각한 반(反)지성의 소요 속에 빠져있다고 진단해도 좋을 것 같다.

그들 생각이 맞다면, 이미 50여 년 전부터 학생 인권이 재정비됐던 나라들의 교사들은 어찌 됐겠는가? 아이들 인권이 올라간 나머지 교사의 인권이 떨어졌다는 이야기는 본 적도, 들은 적도 없다. 교사들이 아이들의 인권을 위해 싸웠듯이, 학생들 역시 교사들의 권리와 적정한 처우를 위해 함께 싸우는 모습을 오히려 지켜볼 수 있었다.

올 6월, 고교생활을 마감한 딸이 프랑스의 모든 공교육 시스템을 거치는 동안, 학부모인 나는 한 번도 교사의 개인 연락처를 가졌던 적이 없다. 어떤 학부모도 그럴 권리는 없기 때문이다. 교사들에게 용건이 있으면 편지로 면담을 신청하고, 그들이 정해주는 날짜에 만나 상담을 할 수 있다.

만일 시급한 사안이 있으면 바로 학교장에게 연락하거나, 각 학급에 있는 학부모 협회 대표를 통해 문제를 논의하고 필요한 절차를 밟는다. 매년 3회 걸쳐 진행되는 학급회의에는 교사와 학생 학부모 대표들이 모여 각자의 위치에서 수렴된 의견들을 제시하고, 문제들을 시정하기 위한 토론을 진행한다.

교원노조들도 역할을 제대로 수행 못해

전국 초등학교 교사 노조가 진행한 설문조사에서, 99%의 초등학교 교사들은 교권이 침해됐다고 느낀다고 답했다. 이는 시정해야 하는 문제다. 노조는 바로 그런 목적으로 존재하는 조직이다. 전교조를 비롯한 교직원 노조들이 왜 이런 문제를 지금까지 방치했는지 의문이

책으로 성벽을 쌓은 파주 지혜의숲 도서관

긴 하다. 당연히 노조의 본분인 조합원의 권익을 보호하는 절차가 진행돼야 한다. 교사로서, 인간으로서, 한 사람의 노동자로서 가져야 할 당연한 권리다.

전교조 출신의 교육감들이 앞장서서 학생인권조례를 만든 것이 문제가 아니라, 교원 노조들이 여태껏 그들의 역할을 충분히 수행하지 못한 것이 오히려 문제였으며, 이번을 계기로 반드시 시정돼야 한다. 교원들의 권익이 향상되고 그들의 인권이 보장되면, 학생들의 인권이 보장됐을 때와 마찬가지로 학교는 조금 더 행복하고, 안전하며, 즐거운 공간이 된다.

중요하지만 늘 간과되고 있는 또 하나의 문제는 아이들의 정신 건강이 현격히 그리고 급격히 나빠지고 있다는 사실이다. 건강보험심사평가원이 제공하는 보건의료빅데이터 개방시스템 자료를 살펴본 결과 2021년 ADHD 환자 중 5~19세 소아청소년 환자는 7만 1,469명으로 2020년 6만 299명 대비 약 18.5%p 증가했다. 2017년 4만 9,501명과 비교하면 약 44.4%p 증가한 것이다. 2021년 성비는 남성 5만 6,240명, 여성 1만 5,229명으로 남성이 여성의 약 3.7배에 달한다.

행정안전부가 제공하는 주민등록 인구통계에서 5~19세 연령의 인구와 비교해 보면 5~19세 인구의 1.03%가 ADHD로 병원에서 치료를 받은 적이 있는 것으로 나타난다. 전문적인 의학 지원을 받지 못한 소아청소년들의 부적응 행동이 나타나고 있다. 좋은교사운동의 조사에 따르면 신체적 공격, 언어적 공격(욕설, 폭언), 교실 이탈 순으로 부적응 행동이 있으나 학교에서는 거의 속수무책이다. 이는 교사의 역량이나 영역을 넘어선 문제이고, 실제로 교사들의 증언들을 살펴보면, 반에 한둘씩 있는 이런 아이들로 인해 교실 전체가 심각하게 방해받고, 교사도 학생들도 지쳐간다.

세계인권선언 제1조를 기억해야 하는 이유

한국에서 유난히 높은 발병률을 보이는 이 두 가지 정신질환에 대해 의학계는 같은 소리를 반복한다. "정확한 원인은 모른다. 유전적 요인일 수도, 환경적 요인일 수도…" 그런데 왜 한국에서 이토록 많이 발생하는가? 우리 사회가 그 원인을 분석하고 해법을 찾아야 하지 않을까? 분서갱유로 반지성의 광기에 휩쓸리기 전에, 아이들을 체벌할 "권리(!)"를 부활시키자고 광분하기 전에, 왜 이 나라 아이들이 특히 더 아픈지 밝혀야 하지 않을까?

서이초 교사 자살 사건과 압구정 신현대아파트 경비원 분신 사망 사건은 닮은 구석이 있다. '어떤 사람들의 인권은 밟아줘도 된다'고, '자신들은 더 특별한 권리를 가졌다'라고 생각하는 아픈 사람들이 많이 사는 동네에서 발생한 비슷한 결의 사건이다. 이런 일이 일어날 때마다 피해자들(때로는 교사, 때로는 경비원)의 인권을 특별히 더 보호하고 존중해야 한다고 말할 수 없다. 감옥 안의 수인이든, 형벌을 내리는 판사든 똑같은 인권을 가지고 태어났기에, 그들의 성별과 직업과 연령과 인종과 상관없이 그들의 인권은 절대적으로 보호받아야 한다.

사건만 터지면, 기둥도 뿌리도 없이 흔들려 중세시대로, 또는 천 년 전쯤으로 회귀해 버리는 우리 사회. 1948년 태어난 세계인권선언 정도만이라도 다시 기억할 수 있으면 좋겠다.

세계인권선언 제1조 : 모든 인간은 태어날 때부터 자유로우며 그 존엄과 권리에 있어 동등하다. 인간은 천부적으로 이성과 양심을 부여받았으며 서로 우애의 정신으로 대해야 한다. 🅛🅓

글·목수정
한국과 프랑스의 경계에 서서 글쓰기를 하는 작가 겸 번역가. 주요 저서로 『뼛속까지 자유롭고 치맛속까지 정치적인』, 『야성의 사랑학』, 『파리의 생활 좌파들』 등이 있다.

"프랑스의 모든 문화정책에는
자유, 평등, 박애의 이념이 담겨"

"거장 르코르뷔지에를 사사하고 돌아온 젊은 건축가 김중업씨가 61년 전 참여해 완성한 주한 프랑스 대사관 업무동 지붕의 원형복원 및 신축공사가 성공적으로 마무리됐습니다. 김중업씨의 대표작으로 꼽히는 곡선형의 처마선을 원형대로 살리고 1층을 비운 필로티 건물은 다목적실로 개조했습니다. 이 건물은 '김중업관(Le Pavillion Kim Chung-up)'이라고 명명했습니다."

인터뷰이 ▌루도빅 기요 주한프랑스대사관 문화참사관
인터뷰어 ▌성일권〈르몽드 디플로마티크〉한국어판 발행인

5년 이상의 리모델링 끝에 멋지게 복원된 프랑스 대사관 건물(서울 충정로 소재)에 대해 설명하며, 루도빅 기요 문화참사관(문화원장)의 얼굴에는 뿌듯함이 가득했다. 그는 "문호 앙드레 말로를 문화부 장관으로 등용하는 등 문화외교를 중시한 샤를르 드골 대통령이 1962년 대사관 건물건축 공모전에서 김중업 씨의 디자인을 최종작으로 낙점한 이유를 이제 알겠어요"라며, "대표적인 한국 건축가의 작품 속에서 일하는 게 자랑스럽습니다"라고 덧붙였다.

건물은 한국 현대건축의 선구자인 김중업(1922~1988)의 설계로 완공된 모습 그대로였다. 한국의 처마처럼 건물 기둥에 내딛은 지붕은, 모서리 끝이 버선코처럼 살짝 들린 채 대사관 건물을 낚아채 하늘로 날아갈 듯 치솟아 긴장감과 경쾌함을 선사한다. '모더니즘 건축의 아버지'이자 프랑스 건축 거장 르코르뷔지에(1887~1965)의 유일한 한국인 제자였던 김중업은 당시 우리 전통 건축양식을 연상시키면서도, 서구식 노출 콘크리트기법을 한국에 처음 적용해 건축계에 신선한 충격을 줬다.

건물의 노후화로 인해 프랑스 대사관 측이 김중업이 설계한 두 동 가운데 사무동을 헐고 다시 짓겠다는 방침을 발표했으나 한국 건축계의 반발에 부딪혀 한국 정부와의 합의 끝에 보존키로 하고, 몇 년간의 리모델링 공사를 거쳐 2023년에 재개관에 성공했다. 리모델링 설계에는 한국인 최초로 베니스 비엔날레 국제건축전에서 황금사자상을 수상한 조민석 건축가가 참여했다. 지난 7월 6일 프랑스 문화업무의 총괄책임자인 기요 참사관을 만나, 최근 확대 중인 한국과 프랑스 간 문화외교의 성과와 과제에 대해 들어보는 시간을 가졌다. 기요 참사관은 접견실에서 인사를 나눈 후 대사관의 복원 장소 곳곳을 안내하며, 무더운 날씨에도 밝은 미소를 잃지 않았다.

건축가 김중업의 '환상적인 지붕' 원형대로 복원

– 코로나 팬데믹 이후 첫 방문이다. 대사관의 이미지가 더욱 예술적으로 바뀐 느낌이다. 하늘로 향하는 지붕이 마법의 양탄자 같다.

"양탄자의 주인공은 단연 '김중업관'이다. 옛 대사집무실 건물을 복원해 다목적실로 탈바꿈했다. 드골 대통령이 '김중업이 디자인한 너무나도 환상적인 지붕은 그 자체로 걸작'이라고 평했는데, 원형대로 복원하는데 심혈을 기울였다. 1층을 비운 필로티 공간도 원형에 가

리모델링 후 재개관한 주한 프랑스 대사관. 지붕이 한국의 처마와 닮은 '김중업관'이 보인다.

깔끔하게 복원했다. 과거 사진을 일일이 찾아보면서 원본과 최대한 비슷한 질감의 재료를 찾으려 힘썼다.

기존 건물인 집무동 및 대사관저와 더불어 고층 타워동과 갤러리동을 신축했다. 이 건물에는 6·25전쟁 당시 프랑스 대대를 지휘한 대대장 랄프 몽클라르 장군, 한국군 부상병을 구하다 산화한 군의관 쥘 장루이 소령의 이름을 각각 붙였다. 리모델링 이전에는 경제, 문화 등 여러 업무별 부서가 각각 다른 지역에 따로 떨어져 있었지만, 이제는 한 건물에서 부서 간 상호 긴밀한 소통을 통해 업무의 효율성을 높일 수 있게 돼 더욱 큰 의미가 있다고 본다."

문화원 대신 문화과에 문화업무 확장 통합

– 이곳에 오니, 예전에 자주 갔던 경복궁 옆 프랑스 문화원 건물이 떠오른다. 칸 영화제에서 감독상을 받은 박찬욱 감독을 비롯해, 많은 한국 영화인들이 프랑스 문화원에서 예술영화를 보면서 감독의 꿈을 키웠다. 그런 문화원 건물이 없어진 것에 아쉬워하는 한국인들이 많다. 어떻게 생각하는지?

"산재돼있던 대사관의 부서들이 한곳으로 합쳐지면서, '문화원'이 없어진 것은 맞다. 문화원의 명칭은 주한 프랑스 대사관 문화과(Le service culturel de l'Ambassade de France en Corée)로 변경됐다. 예전보다 효율적인 공간 접근성을 통해 한층 다양하고 신속하게 문화 관련 업무를 수행 중이다. 독립된 건물이 없다는 것은, 공간을 초월해 다채롭게 문화사업을 펼칠 수 있다는 의미이기도 하다. 이는 문화적 협업으로 잘 드러난다.

학교, 연극, 오페라, 음악회, 전시회 등에서 한-프 간 문화교류가 이뤄지고 있다. 즉, '프랑스 문화원'이라는 물리적 공간은 사라졌지만, 끊임없는 협업을 통해 '문화원 없는 문화교류'가 다양해졌다.

현재 한국 영화나 드라마가 세계적으로 전성기를 누리고 있다. 지난 5월 제75회 칸 국제영화제 기간 매우 경사스러운 소식이 있었다. 한국영화진흥위원회

이를 위해 칸에서 국립영화영상센터와 영화아카데미 운영 협약을 맺고 양국의 영화학교인 한국영화아카데미(KAFA)와 프랑스 국립 영화학교 라 페미스(La Fémis)를 주축으로 하는 '한-프 아카데미'를 운영하기로 했다. 협약에 따라 양국의 영화학교는 각 나라에서 학생 8명씩 선발해 프랑스와 한국에서 각각 14일 동안, 총 28일 동안 교류 행사를 진행한다. 프로그램에는 한국과

프랑스 문화정책을 설명하는 루도빅 기요 프랑스 대사관 문화참사관

(KOFIC)가 한국과 프랑스, 양국이 영화 분야에서 협력을 강화할 계획을 발표했다는 것이다. 이번 협약은 지난해 5월부터 시작한 양국 간 영화 분야 협력 사업의 하나로 진행됐으며 프랑스 국립영화영상센터(CNC)는 지난해 한국을 영화 분야 협력 중점국가로 선정하면서 교육, 문화, 산업의 3가지 부문을 주요 내용으로 하는 한-프 영화아카데미 설립을 제안했다.

프랑스 현지 영화 산업 관계자 간담회, 스튜디오 방문, 워크숍, 등이 포함될 예정이다. 이렇게 '문화원 없는 문화교류'가 활발하게 이어지고 있다."

– 프랑스 문화를 널리 알릴 책임자로서, 한국 사회에서 프랑스 문화의 어떤 점을 특히 알리고 싶은지?

"잘 알려진 것처럼, 프랑스 인권의 3대 이념은 자유

(Liberté), 평등(Egalité), 박애(Fraternité)다. 프랑스 문화 홍보정책의 방향도 이 세 가지 이념과 일맥상통한다. 자유는 창작의 자유성을, 평등은 그 창작물을 모두가 평등하게 누릴 권리를 의미한다. 마지막으로 박애는, 자유롭게 창작된 문화예술을 평등하게 공유하며 사회적 관계를 형성해가는 것을 의미한다. 이런 맥락에서 프랑스 문화를 한국에 알리기 위한 프랑스 문화과의 가교 역할이 중요하다고 생각한다.

1968년 한국과 프랑스는 한·불 문화협정을 체결하고 이를 계기로 같은 해에 프랑스 문화를 한국에 소개하고 양국 간의 문화교류를 위해 서울에 프랑스 문화원을, 1980년에는 파리에 한국문화원을 설립했다. 50년 이상 지속된 한국에서 가장 오래된 외국 문화원이라는 자부심이 강하다. '프랑스 문화원'은 설립 이래 어학 등 각종 강좌와 건축, 디자인, 영화, 문학, 미술, 음악, 음식 등 다양한 주제의 행사를 꾸준히 진행해왔다. 앞으로도 주한 프랑스 대사관 문화과는 연구 및 대학과의 교류, 예술 문화의 보급, 프랑스어 활성화 등을 위해 프랑스와 한국 간 긴밀한 협력을 위해 노력을 아끼지 않을 것이다."

문화 및 창조 산업 분야의 교류에 중점을

– 프랑스 하면, 떠오르는 게 문화강국이다. 철학, 문학, 언어학, 미술, 발레, 패션, 영화, 교육, 요리, 와인... 심지어 혁명까지 문화로 끌어올린 나라 아닌가? 요즘에 한국과의 문화교류에서 특히 중점을 두는 분야는 무엇인지?

"다양한 분야에서 문화교류를 추진하지만, 무엇보다도 한국의 강점이라 할 문화 및 창조산업분야(ICC)에 각별한 관심을 가지고 있다. 영화, 비디오게임, VR 및 AR, 전시, 웹툰 등 광범위한 분야에 걸쳐 문화를 선도하는 기업들의 비즈니스 활성화에 역점을 두고 있다. 기술 혁신은 우리 사회의 핵심이며 성공의 지렛대라고 생각한다. 엔터테인먼트와 미디어 산업은 혁신 분야이며, 프랑스와 한국에서 경제 성장을 위해 핵심적인 역할을 한다.

2023년 2월 1일부터 3일까지, 주한 프랑스 대사관과 파트너들이 주관한 〈ICC 이머전〉 행사에서 문화 분야를 이끄는 15개의 프랑스 혁신기업이 강남 플랫폼엘에서 소개된 적이 있다. 〈ICC 이머전〉은 한국콘텐츠진흥원(KOCCA)과 주한프랑스대사관이 설립한 ICC 위원회의 긴밀한 협력을 통해 구축됐다. 주한프랑스대사관이 설립한 ICC 위원회는 대사관 문화협력부를 중심으로 경제과, 비즈니스 프랑스 서울 사무소, 프랑스 산업재산청(INPI), 프랑스관광청, 한-프상공회의소(FKCCI) 그리고 프렌치 테크 서울(French Tech Seoul)로 구성된다.

3일에 걸쳐 △박물관학, 문화 공학, 게임화, 디지털 아트, △웹툰, 트랜스 미디어, 지적 재산권, 음악, △확장 현실, 메타버스, 가상 현실, 증강 현실, 게임의 3가지 주제를 중심으로 진행됐다. 알뱅 미셸(Albin Michel), 프랑스 뮈제엄(France Muséums), 필하모니 데 앙팡(Philharmonie des enfants) 등을 포함한 15개의 프랑스 기업들은 네이버, CJ, 카카오 등을 포함해 문화산업 분야의 700여 국내 유수 기업들과 만나 네트워킹 및 비즈니스를 촉진하는 계기를 마련했다.

–한국에서 프랑스어의 현실적인 위상이 예전 같지 않다. 나는 최근 〈르몽드 디플로마티크〉 한국어판 6월호에서 칼럼을 통해 한국 교육계의 프랑스어 배제를 지적했다. 프랑스 대사관의 각별한 관심이 절실한 시점이다.

"매년 한국에서 프랑스로 약 2,400명의 학생들이 유학을 떠난다. 교환학생 프로그램 등을 통해 프랑스 대학으로 가는 한국 유학생들을 지원하는 데 주력하고 있다. 현재 세계적으로 프랑스어 사용자는 3억 명에 달하며, 2050년까지 8억 명까지 늘 것으로 전망된다. 한국에도 약 5만 명의 프랑스어 사용자가 있고, 50여 개 고등교육기관과 100여 개의 어학기관에서 프랑스어 교육을 한다. 프랑스 대사관 문화과는 비즈니스 프랑스어를 중심으로 프랑스어 활성화를 위한 지원 및 관련 전문가들과의 협업을 꾀하고 있다. 또한, 전시회, 페스티벌, 콘서트, 비엔날레 등 한층 다이내믹한 방식으로 프랑스의 문화와 언어를 체험할 수 있도록 다양한 행사 유치 및 각 분야의 유명한 전문가 섭외를 위해서도 노력하고 있다.

지금 준비 중인 행사를 하나 소개한다. 서울시가 오는 9월 1일부터 10월 31일까지 개최할 제4회 서울도시건축비엔날레다. 프랑스국립도서관(BNF)과 이화여자대학교 캠퍼스 내에 조성한 복합단지(ECC) 설계로 유명한 세계적 프랑스 건축가 도미니크 페로(Dominique Perrault)가 참여한다. 그가 설계한 2024년 프랑스 파리 올림픽 선수촌의 모형과 조감도를 전시할 예정이다. 처음 한국에 공개되는 파리올림픽 선수촌의 모습이 어떨지, 올림픽이 끝난 후 이 지역의 모습이 어떻게 바뀔지 이번 행사를 통해 많은 한국 방문객들이 현지의 분위기를 미리 느껴보는 시간이 되기를 바란다."

– 출판 강국으로 프랑스를 빼놓을 수 없다. 어떻게 프랑스 출판물을 알리고 있나?

"매년 도서전에 적극 참여해 프랑스 도서들을 알리고, 지원사업도 펼치고 있다. 대표적으로 프랑스 해외문화진흥원 선인세지원프로그램(PAP IF)과 세종출판지원프로그램(PAP Sejong)이다. PAP IF는 프랑스어권 작가의 작품을 번역 출간하는 출판사들을 대상으로 한다. PAP IF는 프랑스 출판사와 한국출판사 간에 체결된 계약서에 명시된 선인세를 프랑스 해외문화진흥원에서 직접 프랑스 출판사 측에 지불(전체 혹은 일부) 해주는 방식의 지원이다. 연간 3회(12~1월, 3~4월, 6~7월)다. 이에 반해 PAP 세종은 프랑스어권 작가의 작품을 번역 출간하고자 하는 출판사들을 대상으로 하며, 모든 분야에서 지원가능하다. PAP IF가 선인세 지원에 국한된다면, PAP 세종은 저작권료, 번역료, 인쇄비용, 홍보비용 등 한국출판사가 출간 준비에 드는 총 비용 중 일부를 지원해 좀더 광범위한 편이다. 연간 2회 시행하고 있다."

– 개인적으로 노벨문학상 수상작 이상으로 〈공쿠르상(Prix Goncourt)〉 수상작을 좋아한다. 이번에 프랑스 대사관이 진행한 '공쿠르 문학상-한국'이라는 프로젝트가 궁금하다.

"에드몽드 공쿠르 탄생 200주년(2022년)을 맞아 한국은 국제 공쿠르 문학상에 가입한 서른 번째 국가가 됐다. 〈공쿠르상〉은 가장 권위 있는 프랑스문학상 중 하나로, 매년 프랑스에서 발표된 산문 작품들 중에서 '가장 상상력이 풍부한 산문'을 선정하여 시상한다. '공쿠르 문학상-한국'은 문학을 사랑하고 프랑스어를 배우는 한국 학생들이 작품을 읽고 직접 공쿠르상 수상작을 뽑아보는 프로젝트로, 현재 35개국에서 진행되고 있는 국제적 행사다. 주한 프랑스 대사관 문화과는 아카데미 공쿠르와 함께, 지난해 9월에서 2023년 3월까지 제1회 '공쿠르 문학상-한국' 행사를 개최했으며, 한국 내 22개 교육기관에서 프랑스어를 배우는 학생 87명이 심사위원으로 참가했다. 학생 심사위원들은 2022년의 〈공쿠르상〉 최종 후보작인 프랑스어 원서 4권을 5개월 동안 읽은 후 자신이 좋아하는 소설 한 권을 선정했다. 이는 한국의 교육기관에서 프랑스어 학습을 촉진하고, 프랑스 문학에 대한 흥미를 고취시키는 소중한 경험이었다.

이 프로젝트는 한국과 프랑스 사이에서 문학적 관심을 공유하고, 이를 통해 프랑스 현대문학이 한국출판사들에 의해 더 많이 번역, 출간되도록 장려하는 것을 목표로 한다. 또한 프랑스 작가를 홍보작가로 초청하는 기회도 되는데, 제1회 행사에서는 2021년 〈공쿠르상〉 수상작인 『인간들의 가장 은밀한 기억』의 모하메드 음부가르 사르 작가를 홍보작가로 초청했다.

2023년 3월 프랑코포니 주간에는 한국의 22개 교육기관의 학생 심사위원단 중 14명의 대표 학생들이 음부가르 사르 작가와 함께 토론심사를 진행하여 투표를 통해 최종 수상작을 결정했다. 최종 수상작은 브리지트 지로의 소설 『Vivre vite』로 선정됐다. 이번 행사의 성공을 기반으로, 제2회 행사가 2023년 9월부터 개최되며, 앞으로도 계속될 예정이다. 학생들의 많은 참여를 기대한다."

– 프랑스 작가나 감독, 화가, 음악가 등 문화 인사들이 한국을 방문해 소통하는 기회를 늘린다면, 양국 간 문화교류 증진에 기여할 것으로 생각한다. 최근 주목할 만한 문화교류 사례나 계획이 있다면?

"마지막으로 최근의 아주 의미 있는 행사를 언급하고 싶다. 30년 만에 내한한 파리오페라발레단(POB)의

〈지젤〉 발레공연이다. 지난 3월 3~4일 대전 예술의전당, 같은 달 8~11일 LG 아트센터에서 열린 공연에서 특히 알브레히트 역을 맡아 호연한 기욤 디옵은 공연 기간 중 호세 마르티네즈 POB 예술감독으로부터 공식적으로 에투알(POB 최고 등급 무용수) 지명을 받았다. 이번 공연에 무용수 외에 무대와 분장, 경호 등을 포함해 120여 명의 단원이 내한했다. 나는 이 많은 인원과 기술장비를 수용할 수 있는 LG 아트센터의 규모에 감탄했다. 또한 대한민국, 서울에서 이뤄진 프랑스 무용수의 에뚜알 지명을 전 세계에 기사와 매체를 통해 알릴 수 있었다는 사실 또한 매우 경이로웠다. 다양한 콘텐츠의 프랑스 문화를 더 많은 한국 대중들에게 알리고자 늘 고심하는 책임자로서, 이번 발레공연은 대단히 인상적이고 성공적인 문화교류 사례다. 그밖에도 프랑스 문화에 대한 인식을 넓히고 문화적 다양성에 대한 관심을 끌어올릴 프로그램들을 준비하고 있다. 앞으로도 한-프 문화교류에 애정과 관심을 가져주기를 바란다.”

프랑스어 판소리, 또 다른 차원의 감동

– 한국의 문화예술 분야에서 가장 흥미로운 게 무엇인가?

　“프랑스 대사관 문화과 책임자로서 한국의 모든 문화예술 분야에 관심을 두고 있다. 문화예술 행사는 최대한 참석하려고 노력한다. 현장에 참여하면서 한-프 간의 무한한 잠재적 문화예술 협업 가능성을 발견할 수 있기 때문이다.

　개인적으로는 한국의 전통 오페라, 판소리가 매우 흥미롭다. 한국 판소리에 반해 프랑스에서 한국까지 건너와 판소리를 공부한 카메룬 출신 프랑스인 소리꾼 로르 마포(Laure Mafo)의 판소리 공연을 접한 경험이 있다. 한국어 판소리를 들으며 소리에 감동을 받으면서도 한국어를 이해하지 못해 아쉬움도 컸는데, 로르 마포의 프랑스어 판소리를 들었을 때의 감동은 또 다른 차원이었다.”

　루도빅 기요 참사관은 인터뷰 도중 한국어로 드문

드문 서툴지만 성실하게 답했다. 모국어와 영어만 쓰려는 예전의 유럽 외교관들과는 다른, 젊은 외교관의 친근한 면모가 보였다. 주한 프랑스 대사관에 부임하기 전, 마크롱 정부의 문화정책 실세인 프랑크 리에스터 문화부 장관의 보좌관을 지낸 그는 한-프 문화교류에서 남다른 추진력을 보여왔다는 외교적 평가를 받고 있다. **ᴸᴰ**

크리티크M 4호
『시뮬라크르 세계의 '박찬욱'들』
권 당 정가 16,500원
1년 정기구독 시 59,400원
(총 4권, 정가 66,000원)

글·성일권
<르몽드 디플로마티크> 한국어판 발행인

사진·강철민
사진작가

지금, 그로테스크한 괴물은 누구인가?

백우인 ▌종교철학자 겸 시인

신문은 사회, 경제, 문화, 정치, 연애, 스포츠, 날씨 등 여러 섹션으로 나뉘어 있다. 그러나 최고실재인 생활세계는 섹션으로 구분돼 있지 않으며, 구분할 수도 없다. 시장 물가의 변동은 시장의 문제에만 국한되는 것이 아니다. 기업과 가계와 정치와 생산 라인과 유통에 관여하는 모든 것이 시장 물가의 변동과 연결돼 있으며, 그중 어느 하나라도 출렁이면 도미노 현상처럼 모든 관계가 출렁임의 여파에 놓인다. 생활세계의 장은 이렇듯 그물망 구조로 서로 영향을 주고받는다.

또, 언어와 사진으로 보도하는 신문은 중립적인 태도를 보이는 것 같지만, 하나의 목적(목표)을 지향하고 있어서 그에 맞게 사실을 구성한다. 이런 신문과 같은 매체는 문화정치학의 좋은 도구로 쓰인다. 언론에 기사화된 내용과 사건은 특정 장소와 시간이라는 구체성을 띠고 있다. 이것은 보도내용이 당시의 시간과 장소 안에서 구체적이고 고유한 맥락을 가진다는 것과, 그 맥락 안에서 실제로 일어난 사실임을 의미한다.

대한민국 상위 0.1%의 상류층을 겨냥한 공간이라는 아파트 광고, 젊은 여성들이 실업급여 받아 해외여행을 가거나 명품을 산다는 이유로 '시럽 급여'라 칭하면서 수령액을 줄이거나 없애야 한다는 고위 공무원들의 발언, 폭우로 인해 국민들이 죽어갈 때, 그 나라의 영부인은 방문 중인 외국의 명품매장을 섭렵하고 다녔다는 보도, 수산시장 수조 속 물을 떠서 마시는 국회의원의 모습, 수능에서 킬러 문항을 빼고 교과서에서만 문제를 출제하라는 지침과 이에 따라 사교육을 통제하기 위해 학원가를 압수수색하는 공직자들의 움직임(1) 등의 기사를 보자.

나열한 기사 내용은 강남의 압구정동에 '고급화를 통한 차별화'를 내세워 아파트 재건축이 추구하는 방향을 보여주고 있고, 실업급여를 받아 고급문화를 누린다는 지적과 수해로 인한 죽음에 슬퍼하는 민중과 동시간대에 외국의 명품매장을 회진하듯 돌고 있는 대통령 부인을 보여주고 있다. 나머지는 정책을 결정할 권력자와 그의 발언을 실행에 옮기는 정치가들의 양태를 보여주고 있다. 사회의 구성원들은 이런 보도기사를 보면 어떤 생각을 하며, 그런 생각은 어떤 경로를 거쳐 나온 인식의 틀일까?

아비투스와 감정

사회구성원들의 인식 틀을 피에르 부르디외(2)는 '아비투스(Habitus)'라는 개념으로 분석했다. 개인들은 일상영역과 공공영역에 대해 일정한 성향과 인지 틀을 가지고 있는데, 부르디외는 이것을 아비투스라고 부른다. 개인이 사회적 공간에서 차지하는 위치에 따라 아비투스가 달라지며 이것은 개인을 넘어 공동체(집합적) 수준에서 형성되는 사회적 구성물이다. 다시 말해 개별적 성향 차이가 사회적 아비투스의 차별을 만들어내고, 자신의 계급적 정체성을 통해 계급별로 구별 짓기가 형성된다.

보도된 내용을 판단하고 평가하는 해석의 차원에서는 개인의 사소한 습관이나 취향, 사회적 공간에서 자신이 속해있는 계급에 따라 다양한 뉘앙스가 등장한다는 것을 시사한다. 여기에 필자는 소위 갑질의 횡포를 염두에 두면서 '거리에의 파토스'(3)에 의해 구별 짓기가 더

그로테스크한 괴물에 대해 철학적 개념의 실마리를 준 들뢰즈, 바흐친, 부르디외(왼쪽부터)

욱 공고해지고 차별의 간극이 커진다는 의견을 얻는다. 기사 내용의 사실과는 별개로 보도에 대한 개인의 의견을 긍정적과 부정적 견해로 나눠보자.

긍정적 입장에 서 있는 사람은 상류층을 공략하는 보도와 대통령 부인의 명품 쇼핑과 국가정책과 그에 따른 실행에 대해 문제시하지 않을 것이다. 부르디외의 분석 틀로 보건대, 긍정적으로 평가하는 사람은 사회적 공간 안에서 문화적 자본(학력, 직업, 매너, 취향)과 경제적 자본(물질적 자산)이 상위의 계층일 것이다. 그들은 자신들이 소유한 것을 누리며 다른 계층과 구별된 권력을 갖고자 하는 아비투스가 형성돼 있는 사람일 가능성이 크다.

반면, 부정적 입장에 서 있는 사람들은 위의 보도를 문제시할 것이다. 근본적인 원인을 분석하고 해결하기보다 겉치레에 치중한 눈가림식의 정책이라고 지적할 것이며 돈과 권력의 카르텔이 집약된 사회의 단면을 여실히 느낄 것이다. 이런 비판적인 성향의 아비투스가 형성된 사람은 정서적으로든 이성적으로든 사회가 그로테스크하다고 평가하면서 저런 기사 내용의 근간에는 대체 인간 평등의 개념을 어떻게 규정하고 있느냐고 물을 수

도 있다.

여기서 '그로테스크(Grotesque)'는 이상하고 기괴하고 불쾌한, 혹은 문학이나 예술에서 묘사된 어떤 캐릭터나 상황이 어리석거나 약간 무섭고 불편하게 다가오는 느낌의 표현이다. 말하자면 감각적이고 정서적인 것으로, 이 그로테스크야말로 오늘날의 한국 사회를 적확하게 진단하는 개념이라고 필자는 주장하고 싶다. 왜냐하면, 한국 사회 구성원들의 아비투스는 부르디외가 분석한 경제적 자본과 문화적 자본만으로 설명되지 않는 부분이 있다. 그것은 바로 감정, 혹은 감수성이다.

한국 사회는 재화적 가치가 오직 돈에 몰려있다. 돈만 있으면 학벌도 얻고, 사랑도 얻고, 권력도 거머쥐고, 명예도 만들며, 구원까지도 획득하게 되는 등 한 사회의 지배적 지위와 권력을 당연한 듯 차지한다. 때문에 돈의 소유와 축재과정은 무한 경쟁을 통해 인간을 만인의 투쟁인 자연상태로 만든다. 돈을 쟁취하지 못했거나 빼앗긴 자들의 분노와 질투와 적개심은 사회현상을 불평등하다고 인식하는 개인의 아비투스에 버무려질 것이다. 그러니 그로테스크는 필연적인 감각의 각성이라 할 것이다.

그로테스크의 양방향

푸코는 그로테스크를 권력과 지식의 관계에 따라 변화하는 사회적인 현상으로 파악한다. 그에게 그로테스크한 몸은 타자화되고 비정상화된 신체로, 이성과 질서에 어긋나는 비합리적이고 비정상적인 괴물이다. 단두대에서 처형된 루이 16세는 공개적으로 참수돼, 그의 몸은 머리와 나머지 부분이 분리된 채 국민에게 공개됐다. 인간의 존엄성과 생명권을 박탈당한 그는 인간의 형상을 잃고 괴물이 됐다. 그로테스크한 권력을 쥔 루이 16세의 종말은 그로테스크한 몸, 즉 죽어서 괴물에 이른다.

한편, 푸코는 르네상스 이전의 그로테스크한 몸은 무한한 가능성과 변화성을 지닌 신체라고 말한다. 이때의 그로테스크한 몸은 프랑수아 라블레의 카니발적 신체(4)와 겹쳐진다. 그로테스크한 몸의 가장 근본적인 역할은, 원래 자신의 크기보다 더 커지고 개별적인 경계들을 넘어서며 새로운 몸을 수태할 수 있는, 신체적 부위들이 한다. 예컨대 배와 남근, 입, 엉덩이 등이 있는데 이것들의 융기된 부분과 구멍들은 공통된 특징이 있다. 이곳은 상호교환이 일어나 두 신체 사이의 경계가 없어지고 신체와 세상 사이의 경계들이 극복된다.

그로테스크한 신체는 융기된 부분과 구멍들의 행위들 속에서 죽음이 출생으로 연결되고 소멸이 생성으로 전이되며 창조와 전복의 형태로 삶의 끝과 시작이 서로 밀접하게 얽힌다. 민중적 그로테스크한 신체는 몸과 몸의 경계가 없이 연결된 신체라는 점에서, 개인적인 몸을 넘어 집단적인 몸이 되고 확장된 세계-신체라 할 수 있으며 나아가 우주적이고 보편적인 몸으로 변환된다.

괴물, 범죄자와 전제군주의 유사성

그로테스크한 권력을 가진 전제군주가 어떻게 그로테스크한 몸이 되는지 좀 더 들어가 보자.

전제군주는 신의 섭리에 의해 왕이 됐으므로, 그는 절대적인 권위를 가지며 백성들은 그에게 복종해야 한다. 로마 제국에서는 모든 권력의 효과를 황제에게만 귀속시켰다. 한 개인이 행사하는 권력은 그 개인 혼자서 권력효과를 발휘하지는 못한다. 그가 가진 지위에 의해 한 마디 말에도 부들부들 떠는 시늉과 하나의 눈짓에도 짐짓 주눅이 든 변명과 하나의 표정에도 얼어붙은 몸짓을 하는 이들이 군주의 발밑에 납작 엎드려야 한다. 더불어 사리 분별보다는 간교하고 사리사욕에 눈먼 자들이 주변에 있으면서 그를 부추겨야 한다.

결과적으로 전제군주는 자신의 자질과 능력으로는 도저히 거머쥐지 못할 권력효과를 나타낸다. 푸코는 이를 '그로테스크'라고 말한다. 다른 모든 권력에 비해 더 많은 권력을 가지고 있는 전제군주는 이중적 과정을 거쳐 그로테스크와 결부된다. 한번은 그가 행사하는 권력에 의해서 스스로 그로테스크한 권력의 주체가 되고, 또 한번은 아부와 영합의 대가로 받은 시혜와 권력 부스러기들을 행사하는 주변인들의 범법과 패악과 어쭙잖은 갑질로 인해 그로테스크하며 우스꽝스러운 인물로 만들어진다. 이것은 최고의 권력자인 전제군주의 아비투스가 괴물화 되는 과정이다.

그로테스크한 권력은 범죄자와 사촌이 된다. 푸코는 저서 『비정상인들(Les Anormau, Abnormal)』에서 계약을 파기하는 사람, 즉 계약을 파기할 필요성이나 파기하고 싶은 욕구가 있을 때, 그의 욕구가 자의적인 결정을 내리게 해 계약의 파기를 명령해서, 또는 폭력과 맹목의 순간에 이성적 판단이 아니라 자기에게 유리한 이유를 부각하면서 계약을 파기하는 사람을 범법자라고 규정한다. 안하무인의 전제군주라든가, 맹목이나 미신과 주술 혹은 분노에 사로잡힌 전제군주는 자기 개인의 기분과 감정, 의지와 욕구, 자기 이익을 우선시하며 그것을 지속해서 표출하고 강조한다.

이런 점에 비춰보면 자의적 주권이 그로테스크한 권력의 원천이다. 그러면 어떻게 그로테스크한 권력이 범죄자가 되는가. 전제군주는 법적 자격에 의해서 범법자가 된다. 전제군주란 사회에서 지위를 가질 수 없다. 그는 사회계약의 대상이 아니라는 점에서 그렇다. 사회계약이라는 법적인 틀 안에서 보면 그는 사회적 관계가 전혀 없는, 법 밖에 있는 개인에 불과하다. 그런 그가 자신의 원하는 바를 주장하고 요구하는 것은 폭력을 지속적으로 저지르는 행위다. 자신의 비이성과 변덕과 폭력을 일반화하고 국가이념으로 만들어버리는 전제군주는 그의 존재 자체가 곧 범죄라 하겠고, 그가 권력을 휘두르는 동안 그의 주변인들은 그의 권력에 맹종함으로써 전제군주의 괴물성을 더 강화할 뿐 아니라 흡혈귀에게 물려 자신도 괴물이 돼버리듯 범죄자가 된다.

전쟁 기계와 민중

전제군주가 폭력과 맹목으로 자기 이익과 욕구를 부각할 때, 비이성의 환각이나 분노에 차서 과도한 행동을 저지를 때 그로테스크한 권력의 효과는 민중에게 돌아온다. 민중은 그 권력 앞에서 하찮은 존재가 된다. 민중의 생명과 죽음도 하찮고 우스운 것이 된다. 인간의 존엄성이 짓밟히고, 인간이 누려야 할 자유를 빼앗기며 전제군주의 권력 앞에서 정의와 합리성은 사라진 채, 인간은 함부로 사용하고 버려도 되는 수단과 도구가 된다. 『천 개의 고원』 12장에서 들뢰즈와 가타리는 유목론과 전쟁 기계라는 개념을 사용해 삶의 변혁을 추동한다.(5)

국가를 마주 세워 두고 국가의 외곽으로 나오는 것, 그것은 그동안 당연시하고 운명처럼 받아들이던 관점과 삶의 태도로부터 일탈하는 것이다. 일탈이란 새롭게 보기, 다르게 보기, 의심해 보기, 질문해 보기, 순응하지 않고 저항해 보기이며, 들뢰즈와 가타리는 이런 일탈을 통해 국가의 권력체제와 구조로부터 원심력을 발휘해 보기를 제안한다. 그들은 중앙집권적인 조직보다는 힘이 분산된 체제, 하나의 중심이 아니라 산발해 있는 리좀(Rhizome)식의 중심을 강조한다. 이런 중심에 존재하는 것들은 '존재한다'는 그 자체로 동등한 의미를 가지며, 존재의 관계망 속에서 삶을 변환시키고 낡은 사유와 체제를 전복시켜 삶의 방식에 혁명을 시도하는 것이 전쟁 기계의 특성이라고 말한다. 여기서 새로운 주체성과 자유의 공간을 만들고자 하는 전쟁 기계와 그로테스크한 권력에 맞서는 라블레적 그로테스크가 중첩된다.

들뢰즈의 전쟁 기계와 민중적 그로테스크한 몸은 모두 하부 문화와 연결돼있고 권력과 상부 문화에 대한 전복성과 창조성을 가지고 있다. 전쟁 기계는 권력을 파괴하거나 재배치한다. 민중의 그로테스크한 몸은 권력을 비웃거나 무시한다. 이는 그로테스크의 괴물적 특징으로 상부 문화를 결코 두려워하거나 그것에 영합하거나 굴종하지 않으면서, 되려 그로테스크한 권력 앞에 기괴한 웃음을 보임으로써 두려움을 상부 문화에 역전시킨다. 전쟁 기계와 민중은 모두 변화와 운동에 대한 강한 의식을 가지고 있을 뿐만 아니라 행위자성을 드러낸다.

라블레의 그로테스크한 몸의 민중과 들뢰즈의 전쟁 기계는 그로테스크적인 권력을 탈영토화하고 사적인 영역과 공적인 영역의 조화를 잃지 않기 위해 스스로 탈주하는 정치 주체이자 실천을 위해 행동하는 정치 주체다. 검증되지 않고, 편향되고 은폐된 뉴스 자료가 난무하는 '지금 여기'는 무엇보다도 개인의 판단력을 왜곡시키는 사회적 구조를 살펴보고, 의식의 내면과 사회적 구조를 동시에 파악함으로써 현실을 직시하는 정치 주체를 요구한다.

뿐만 아니라 사회계약을 깨고 범법자가 되는 그로테스크적 권력에 맞서는 전쟁 기계로 연대할 시공간이다. 민중은 불온한 범죄자의 그로테스크한 괴물성을 전복시키고 속지 않는 명징한 이성과 진정한 인간 해방의 주체인 그로테스크한 전쟁 기계다. [LD]

글·백우인
종교철학을 전공한 시인이며, 사회현상을 예민한 감각으로 읽고 분석하는 지식 노동자다. 저서는 시집 『쉼 없이 네가 희망이면 좋겠습니다』, 에세이 『비가 내리는 날에는 여우가 되고 싶습니다』, 『우리의 존재 방식』 등이 있다.

(1) <한겨레>와 <경향신문>, 네이버 인터넷 뉴스의 기사를 참조했고 7월 1일부터 7월 17일까지 관심 있게 읽은 기사를 예시로 사용했다.
(2) Pierre Bourdieu, 1930~2002, 프랑스의 사회학자. 그의 저서들 중 국내에 번역 출간된 『구별 짓기 : 문화와 취향의 사회학』(2006)을 참고했다.
(3) 니체의 '거리의 파토스(Pathos of distance)'는 고귀한 우월성의 감정을 가진 자가 상대방과 거리를 둠으로써 상대방을 멸시하는 심리적 기제다.
(4) 미하일 바흐친, 『프랑수아 라블레의 작품과 중세 및 르네상스의 민중문화』(2001년, 아카넷).
(5) 펠릭스 가타리, 질 들뢰즈, 『천 개의 고원:자본주의와 분열증』(2001년, 새물결).

『세계문학 오디세이아: 광인의 복화술과 텍스트의 오르가슴』

모더니스트 오디세우스의 근대의 바다 항해 이야기

정문영 ▌계명대학교 영어영문학과 명예교수

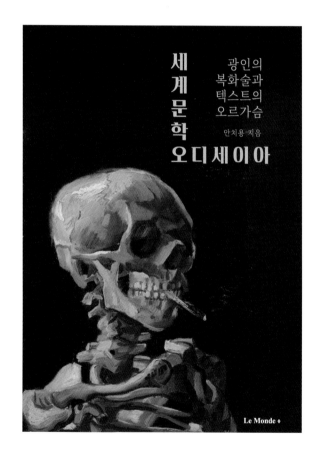

이 책은 그리스 시대부터 현대에 이르기까지 소설, 연극, 영화, 철학, 신학, 과학, 비평과 이론 등, 다양한 장르에 걸쳐, 영국, 미국, 프랑스, 독일, 이탈리아, 그리스, 스페인, 스위스, 벨기에, 노르웨이, 체코, 루마니아, 튀르키예, 러시아, 벨라루스, 중국, 일본, 호주, 알제리, 나이지리아, 남아프리카공화국, 케냐, 콜롬비아, 페루 등 20여 개국 작가들의 작품들 중 "누구나 동의하는 세계문학 고전"을 100편 가까이 선정하여 "종횡무진 휘저어 탐색"(10)하는 '세계문학 오디세이아'의 결과물이라고 한다. 저자는 자신의 선정이 "누구나" 동의할 수 있는 객관적 기준을 전제로 한 것임을 확신한다.

이에 대한 검토와 이의 제기에 앞서, 일단 선장 오디세우스가 승선에 앞서 승객에게 동감과 교감, 그리고 긴 항해를 함께 할 수 있는 동료애를 요구하며 내민, 16개의 목차들과 세부 항목들로 빼곡하게 채워진 여정 안내(Itinerary)는 단박에 동승을 결정하게 할 만큼 도발적이다.

이 책처럼 모더니즘의 도래를 선언한 제임스 조이스의 대표작 『율리시스』(1922) 또한 장르는 다르지만 서양문학의 고전 중의 고전 호메로스의 서사시 『오디세이아』(BC 8세기경)의 틀을 빌려와 쓴 소설이다. 호메로스의 서사시가 트로이 전쟁에 참전한 오디세우스의 고향 이타카를 향한 10년간의 '방랑(Wandering)'을 다뤘다면, 조이스의 『율리시스』는 정체성 혼란을 겪는 주인공 레오폴드 블룸이 1일간 펼치는 더블린 '산책(Dandering)'을 다뤘다. 'Dandering'은 조이스가 Dance(춤, 춤의 패턴과 리듬)에 블룸의 'Wandering'을 결합한 조어다.

이 책의 저자 오디세우스 또한 세계문학의 대해를 "종횡무진 휘저어 탐색"한 것이 아니라 "사랑, 근대, 구원"이라는 주요 모티프 사이를 오가며 추는 춤의 리듬과 스텝의 동력으로 16개의 반복과 변주로 구성된 오디세이아를 만들어낸 것이다. 앞표지 그림, 고흐가 "장난삼아 그린 그림(Joke)"의 불붙은 담배를 깨물고 있는 해골이 상징하듯 이 책은 죽음의 무도, 그 근대 버전을 추고 있다.

1. 모더니스트 오디세우스의 근대의 주체 탐색

이 책은 이런 "신성의 세계를 탈출한 근대의 주체"(22)가 겪는 실존의 위기, 그의 "이성적인 호소에 대한 불합리한 세계의 침묵"(110)이 초래하는 부조리, 자신의 실존을 위협하는 위험에도 결코 포기할 수 없는 사랑, 떠나온 본향으로의 귀향이 허락되지 않은 근대인의 구원의 희망을 모티프로 세계문학의 바다로 떠난 원정 이야기다. 그 과정에서 만난 주체들 중 우리의 귀를 번쩍 뜨이게 하는 이야기의 화자는 "미친 세상"에서 오히려 "가장 정상적인 인간"인 광인(157) 또는 부조리한 세상의 바닥으로 침잠과 부상을 반복하는 고흐, 도스토옙스키, 카프카 같은 이들이다. 실존적 고립 속에서 '미분된' 존재로 살아가는 이들, 특히 광인의 스토리텔링 방식은 의식의 흐름에 따른 '복화술'이라고 한다. 이 책의 저자는 의식의 흐름을 이야기로 풀어내는 뛰어난 통역 실력을 갖추고 있다.

근대 주체 탐구에 있어서 모더니즘과 포스트모더니즘의 불연속성, 포스트모더니즘에 대한 거부를 분명하게 피력하고 모더니즘을 높게 평가하는 저자는 '모더니스트 오디세우스'의 입지를 선택하고 있다. 20세기 초반의 모더니즘과 20세기 후반의 포스트모더니즘이 현상적으로 비슷해 보일지라도 확연하게 다르며, 각각 주체·자아 영역의 확장과 해체를 주도하고 있다는 점에서 분명한 차이가 있음을 지적한다. 이런 맥락에서 그는 모더니즘이 "아무리 비관적인 모더니즘이라 해도 기저에 진취성과 긍정이 깔려있으며 무엇보다 주체를 신뢰한다는 점에서 높이 평가한다"라며, 주체 탐구를 하는 자신의 입지를 분명히 밝히고 있다(291).

모더니스트 관점에서 저자는 '거대 늑대'와 미친개들이 할거하는 제임스 해들리 체이스의 『미스 블랜디시』(1938년)에서 독자가 "포스트모던"을 감각할 수 있을지 모르지만, 그것은 "착시"일뿐이라고 진단한다. 사실 이 소설이 그런 착시를 유혹하지만, 그래도 "탈근대나 탈(脫)합리의 지경"으로는 절대로 넘어가지 않았다는 것이다. 인간존재의 인간다움의 경계를 넘어 탈피한 것처럼 보이는 '거대 늑대'와 같은 유형의 근대인은 "근대인 중에서 도달 가능한 가장 진보한 개인"일 가능성이 있으며, 본질은 변하지 않은 근대인임을 강조한다(257). 사실 애초부터 근대의 기획 안에 이런 경계의 붕괴 혹은 탈피가 포함돼 있었기 때문에, 굳이 이런 유형의 근대인에게 '포스트모던'이란 수식어를 붙일 필요가 없다는 것이다.

그러나 그 경계를 어디까지 밀어붙일 수 있는지는 확정하기 힘든 것은 사실임을 저자는 인정하기도 한다. 예컨대 밀란 쿤데라의 소설 『농담』(1965년)의 지질한 주인공 루두비크의 "탈주체화하는 주체"(171), 사무엘 베케트의 『고도를 기다리며』(1953년)의 "부서져 내리는 주체"(175)와 같이 "온전할 수 없는 인간 주체"는 이제 "세계로부터 살해를 모면하기 위해 광인처럼 분열되거나 아예 스스로를 해소(또는 해체)하는 선택"을 피할 수 없는 지경에 놓였음을 지적한다(178).

나아가 윌리엄 스타이런의 소설 『소피의 선택』(1979년)의 홀로코스트 생존자 소피와 그녀의 연인 네이션은 그들에게는 실존을 요구하는 것이 폭력이 될 지경에 이른 "소멸한 주체"로 등장한다(178). 홀로코스트라는 "모더니즘과 근대의 이성에 대한 일말의 미련마저 잃게 한 20세기 야만의 사건"이 주체의 결정적 몰락과 궤를 같이했다는 것이다(178). "숨은 신", 신의 섭리에 대한 기대가 모두 사라지고, 신의 남루함이 증명되는 시점에서, 소피처럼 폭파되거나 소리 없는 아우성 자체

<까마귀가 나는 밀밭>, 1890, 빈센트 반 고흐

가 된 주체에 대해, "이것은 주체인가?"라는 의문문으로 강한 의혹을 제기한다. 그래도 그는 "실존주의가 말하는 부조리"를 여전히 "모더니즘 현상"로 보며, "너무 무책임하거나 너무 퇴폐적인 바람이란 지탄을 받을까"라고 주저하지만, 여전히 주체는, 어떤 형태의 주체이든 계속 탐색돼야 한다고 단언한다(179).

인간의 경계를 벗어난 비인간이 주체로 등장할 경우에도 저자는 굳건하게 모더니스트적 관점을 유지한다. 가즈오 이시구로의 『클라라와 태양』(2021년)의 주인공 클라라와 같은 비인간(인조인간)이 주체로 등장할 경우를 상상하면서, 그때는 "곤혹을 운위할 단계를 넘어 모더니즘 문명의 완전한 종말을 걱정할" 때지, "그것을 한가하게 포스트모더니즘이라고 불러도 좋을까"(286)라는 질문을 제기하면서 논의를 끝낸다. 질문이 아니라 강한 확신을 시사하는 이런 어법은 모더니스트로서 그의 포스트모더니즘의 무효성과 강한 거부를 부각시킨다.

2. 타자화하는 탈주체로서의 근대 여성, 근대 여성문학과 작가 평가에 대한 딴지 걸기

저자는 도발적인 제목 「"미인이 아닌" 스칼렛이 타라가 아닌 러시아로 떠나다」를 붙인 3장에서 2018년 공론의 장을 달궜던 페미니스트 커뮤니티 워마드의 낙태 사진 사건(조작된 사진으로 밝혀졌음)에 대한 논란을 서두로 근대 여성 주체(아니 탈주체?) 탐색을 시작한다. 그는 이 사건의 맥락을 "탈(脫)역사성-탈(脫)주체의 여성이 역사성을 자각한 주체로 자신을 스스로 인식하기 시작했다는 최근 들어 확연해진 어떤 흐름에서"(50) 찾아야 한다고 주장한다. 일견 이 주장은 페미니스트 관점을 대변하는 것으로 들린다. 서구 페미니즘의 성서, 시몬드 보부와르의 『제2의 성』(1949)의 논지를 전유해 그의 주장을 피력하기 때문에 더 그렇게 들리는 것 같다.

근대 이후의 여성이 타자라는 보부아르의 분석에 십분 동의하지만, '타자'라는 용어보다는 '탈(脫)주체'가

더 적합하다고 저자는 주장한다"(52). 실제로 그런지 여부를 떠나 명목이라도 근대의 인간은 평등한 인간으로, 즉 타자가 아닌 주체로 설정되지만, 여성은 제외된다는 것이다. 이런 "타자화한 탈주체"라는 개념으로 근대 이후 여성을 탐색하는 작업에서 저자는 마가렛 미첼의 소설『바람과 함께 사라지다』(1936년)의 주인공 스칼렛 오하라와 멜라니에게서 타자화하는 탈주체의 전형을 발견한다.

이들은 주체는 아니나 주체적 여성이라고는 할 수 있다는 평가를 했지만, 그렇다면 이들은 타자화하는 탈주체의 전형은 아니다. 저자의 표현을 빌면 타자화하는 탈주체는 주체적인 여성이 아니라 스스로를 타자로 만드는 "순응적인 타자화를 걷는 여성"(55)을 의미하기 때문이다. 어쨌든 그는 근대 이후 여성들의 탐색에서 "여전한 '스칼렛'을 목격"한다며, 근대 이후 여성의 타자화한 탈주체의 전형성을 강조한다. 이쯤에서 "모더니스트 오디세우스"로 호명한 저자에게 모더니스트에게 가해지

는 여성혐오주의 혐의를 가혹하게 씌우고 싶지는 않지만, "근대 남성 주체 중심적인" 모더니스트라는 수식어를 붙여본다.

저자의 또 다른 강력한 문제적 주장은 근대 이후의 "인간의 역사가 표명과 달리 남성의 역사였기에 그동안 여성의 역사는 백지로 남았고, 여성의 역사는 좋게 보면 요즘에서야 서장이 열리는 참이다"라는 여성의 탈역사성에 대한 것이다(강조는 서평자. 56). 여성은 주체였던 적이 없는 탈주체라서 결코 자신의 역사를 쓸 수 없었는데, 요즘에서야 서장이 (열린 것도 아니고) 열리는 참이라는 것이다. 탈주체에 대한 논지와 맥락을 같이하는 탈역사성에 대한 이런 주장은 저자의 근대 여성작가와 여성문학에 대한 과소평가와 직결된다.

저자는 여성작가의 글쓰기와 역사성 사이의 긴밀성을 주장하기 위해 이번에는 현대의 페미니즘 도서 목록 상단에 이름을 올리는 버지니아 울프의『자기만의 방』(1929)의 요지라고 할 수 있는 "여성이 픽션을 쓰고자 한다면 돈과 자기만의 방이 필요하다"라는 문장을 전유한다. "여성이 픽션을 쓰고자 한다면"을 "여성이 역사성을 인식하는 주체로서 스스로를 설정하고자 한다면"으로 저자는 "크게 오독"하지 않은 것으로 확인을 했지만, 살짝 오독한 것은 사실이다(61). 이런 전유에 이어 그는 울프가 영국의 대표적인 여성작가 제인 오스틴과 에밀리 브론테를 거론하면서 그들이 "자기만의 방"도 없고 글을 쓸 시간도 제대로 낼 수 없는 상황에서 글을 썼을 것이라고 전한 말을 인용한다. 물론 이 두 여성작가들이 역사의식이 부족했다는 지적은 직접적으로 하지 않았지만, 자기만의 방과 경제적 안정도 없이 쪼가리 시간에 소설을 쓴 여성작가들, 그들의 여성 주인공들 또한 역사의식이 결여돼 있음을 은근히 시사하는 흐름의 논의를 이어간다.

저자처럼 자신의 선별이 "누구나" 동의하는 객관성을 확보한 것으로 확신했던 20세기 영국을 대표하는 비평가 리비스(F. R. Leavis)는 제인 오스틴을 시작점으로 영국여성작가소설이 아니라 영국소설의 '위대한 전통'을 분간해서 확립하는 작업을 했다. 물론 리비스의 선별은

'분별 있는 차별' 또는 '차별 있는 분별'(Discrimination) 이 작동하는 기준에 따른 것으로, 저자의 선별과 평가의 기준과는 다를 수 있다.

저자가 한 "여성의 역사는 좋게 보면 요즘에서야 서장이 열리는 참"이라는 지적은 노벨문학상 수상작가 스베틀라나 알렉시예비치의 다큐멘터리 문학 『전쟁은 여자의 얼굴을 하지 않았다』(1985년, 2002년)에 이르러서야 "여성의 역사를 작성한 선구적인 사례"(58)를 발견했다는 저자의 평가에 근거를 둔 것으로 추측된다. 이 평가는, 이전에는 여성의 역사가 기록된 적이 없다는 것을 의미한다. 알렉시예비치와 그녀가 인터뷰한 200명 참전 여성이 함께 만든 이 작품에 이르러 "여성의 역사는 회복된다"라는 그의 진단은 이제야 겨우 "여성이 역사성을 인식한 주체"가 됐기에 그 서장을 열게 됐다는 것으로 해석된다(60). 그렇다면 이전에 나온 모든 여성작가의 작품들은 탈역사성-탈주체의 여성의 글쓰기란 말인가?

3. 사랑 예찬: '사랑밖에 난 몰라'

이 책의 본문은 1장 「사랑, 그 공허한 충만과 아름다운 결핍에 대해」라는 사랑 이야기로 시작한다. 1장의 사랑의 주제는 2장과 7장에서 또 다른 변주로 반복 전개된다. 마르그리트 뒤라스의 『연인』(1984)에서 소녀가 강을 건너는 배 위에서 한 남자와 서로 첫눈에 욕망이 솟아나 연인이 되는 사랑을 표현한 "성욕과 직결된 즉각적인 지성"(13)이 어떤 사랑인지에 대한 호기심을 불러일으키며 사랑 이야기는 시작된다. 저자는 이 에피소드에 근거해 강을 닮은 사랑의 유의어로 "경계의 소멸을 지향하는 경계례(Borderline case)"(14)라는 말을 만들어낸다. 이 개념에 따라 "많은 이어짐과 나뉘짐의 연쇄를 축적해 형이상학적 성취와 실존의 남루함으로 삶의 고단을 충분히 겪은 뒤에" 또다시 인간은 누군가를 찾아 반대편 강기슭을 보며 호명을 하고, 나의 그 호명을 기다린 듯 네가 응답하는 이런 너무 평범하고 또 반복해서 일어나기에 더 기적적인 "평범한 기적"의 사랑(16)으로 기본적인 사랑의 패턴을 제시한다.

영화 장면처럼 전개되는 이런 사랑 이야기는 독자

의 호기심과 상상력을 계속 유지시켜준다. 근대의 "합리적인" 주체는 상호공희의 사랑에 무모하게 내기를 걸어 궁지에 몰리는 위험을 무릅쓰기보다 "사랑을 사랑하는 제3의 사랑"을 더 안전하다고 느끼게 된다는 것이다. 뿐만 아니라 상호공희의 사랑에서도 "주체가 사랑하는 것은 사랑 그 자체이지 대상이 아니다"라는 언술로부터 완전히 자유롭지 못한데, 그 이유는 우리가 신이 아니고 우리가 사랑한 대상 또한 신이 아니기 때문이라는 것이다. 따라서 근대 주체의 사랑은 "너에게 강력하게/끊임없이 걸쳐지지만 동시에 단호하게 나를 지켜내는 작업"이 되며, "나를 사랑하는 형식"일 수밖에 없다는 결론에 이른다(28). 이런 근대 주체의 사랑은 "한없이 허약한 주체!"임을 탄식할 수밖에 없게 만든다.

그러나 저자는 레프 톨스토이(1828~1910년) 소설 『안나 카레니나』(1877년)의 주인공 안나에게서 근대적 사랑의 주체를 발견한다. 안나의 존재에서 사랑만이 유일한 흠결일 정도로(129) 그녀는 '사랑밖에 난 몰라'라고 하는 사랑의 주체인 것은 사실이다. 그녀의 '주체적' 죄는 사랑이고, "죄의 삯은 사망"이지만, 안나에게 죽음은 획득된 것으로 '주체적'인 것으로 읽어낸다. 그녀의 죽음은 운명에 의한 좌초가 아니라 자발적 선택 혹은 자발적 의지, 즉 주체적 행위이며, 근대적 정신으로 변주된 고전주의 비극의 반복으로 평가된다(129).

4. 유신론적 실존주의자의 본향을 향한 항해

안나를 사랑의 주체로 등극시킨 저자는 사랑은 어떤 상황에서도 "존재를 풍성하게 만들 것이고, 따라서 "어떤 상황이 빚어지든 사랑이 포기될 수 없다는 사실은 결코 부인되지 않는다"(143)라는 고전주의적 그리고 낭만주의적 사랑 예찬을 이어간다. 그러나 그는 삶의 현장에서는 낭만주의, 고전주의, 사실주의, 초현실주의도 아니고 "매혹적이지만 맥 빠진 화해의 길"인 실존주의 말고 다른 길이 없다는 결론에 도달한다(240). 또한 전반부에서는 부각되지 않았던 "믿음이 없으면 실존이 없다"는 명제를 제시하면서, 실존이 우리의 숙명임을 자각할 계기를 바로 문학이 제공한다는 말을 꺼낸다(241). 이

말은 이 책의 결말을 유신론적 실존주의적 시각에서 구원의 주제를 다루면서 맺고자 하는 의도를 드러낸다.

전반부에서 저자는 신성의 세계를 탈출한 근대의 주체는 이제 다시 그가 떠나온 본향으로 돌아가는 것이 허락되지 않는다는 사실을 강조해왔다. 프란츠 카프카의 『소송』(1925) 안에 액자소설로 등장하는 『법 앞에서』의 시골 사람처럼 근대인은 '문'밖의 존재로 귀향이 허락되지 않는다는 것이다. 나아가 그는 본향을 잊게 되고, 죽기 전에야 그 문이 자신을 위한 것임을 알게 되듯, "근대인에게 허락된 최선의 은총은 귀향의 성취가 아니라 본향의 확인"뿐임을 저자는 주장한다(166). 사실 근대인은 '문'밖에서만 주체가 될 수 있고, 그 '문'을 인식함으로써 최고 주체로 고양될 수 있지만, '문'으로 되돌아가는 것은 금지된다. 신이 아니라 근대성에 의해 금지된다. '문' 저편에서가 아니라 '문' 이편에서 금지된다. 저편으로 그 '문'을 통과하는 순간 그의 주체는 소멸하기 때문이라는 것이다(166).

그러나 후반부에 이르러 저자가 "매혹적이지만 맥빠진 화해의 길"을 선택해 탐색한 주체는 그 문을 향해, 즉 본향을 향해 나아가는 주체다. '이미(Schon)' 예수가 구원의 약속을 선포했고 그러나 구원의 날은 '아직(Noch nicht)' 오지 않은 "중첩과 긴장, 혼란과 분열의 상황 속에서" 기독교는 출범했다. 이미 도래한 희망과 아직 오지 않은 현실 속에서 '이미' 온 예수를 믿는 기독교인은 '아직' 도래하지 않는 미래를 현재로서 구현하고 사는 굳건한 믿음의 사람을 뜻한다(301). 즉 이런 믿음의 사람이 본향을 향해 나아가는 근대의 주체인 것이다.

이 책은 현대 아프리카 문학을 대표하는 작가 응구기 와 티옹오(Ngugi Wa Thiongo)의 『피의 꽃잎들』(2015)과 오스틴 라이트의 『토니와 수잔』(2016)에 대한 분석으로 결말에 이른다. 『토니와 수잔』이 처음 시작한 공간인 뉴 일모로그에서 끝난다는 점을 주목하면서, "희망과 해방의 구조 대부분은 공간적 회귀의 모습"(313)을 띤다는 점을 저자는 지적한다. 1963년 독립한 케냐를 배경으로 한 『피와 꽃잎들』도 보여주듯, "본향으로 설정된 특정 공간에서 이탈하거나 주인 된 자리를

빼앗긴 이들이 다시 그 공간으로 돌아와 자리를 되찾는 것"은 성서적 구원이자 해방의 형식이라는 것이다. 사실 이것이 문학이 말하고자 하는 핵심 얼개임을 주장하면서, '이미'와 '아직' 사이의 긴장이 극심한 곳으로, 기독교 종말론을 제외하고, 문학이 가장 먼저 떠오른다는 결어로 세계문학 오디세이아를 끝냄으로써 유신론적 실존주의자의 입지를 다시 한번 확인한다.

호메로스의 서사시의 오디세우스가 고향 이타카로 귀향해 아내 페넬로페를 만나듯, 『율리시스』의 주인공 레오폴드 블룸 역시 아내 몰리의 침대로 돌아오는 것으로 '댄더링(Dandering)'을 마친다. "어디? •"로 끝맺는 17장 「이타카」의 결말이 시사하듯, 몰리의 자궁(•)으로 그는 돌아온다. 이 책이 펼치는 오디세우스의 이야기 또한 귀향의 가능성을 시사하면서 끝을 낸다. 그러나 "신성모독"인 "여자 자궁으로의 (모든) 귀향"(168)이 아니라 "본향으로 ... 돌아와 자리를 되찾는 것"(313), 즉 성서적 구원의 가능성을 의미한다.

모더니스트, 유신론적 실존주의자 오디세우스와 떠났던 긴 항해가 이와 같이 전반부와 후반부, 이향과 귀향, 문안과 문밖, 신성모독과 구원, 근대와 전근대의 조우와 충돌로 끝나는 것은 독자를 텍스트의 오르가슴을 느낄 수 있는 엔딩으로 유도하기 위한 것이다. **ld**

글·정문영
영화평론가, 계명대학교 영어영문학과 명예교수. 한국영화평론가협회와 국제영화비평가연맹 회원으로 활동하고 있으며, 다양한 매체와 장르의 텍스트들을 상호텍스트(intertext)와 팔림세스트(palimpsest)로 읽는 각색연구가 주요 관심사이다.

LE MONDE diplomatique

르몽드 코리아, 국제전문지 〈르몽드 디플로마티크〉와
테마무크지 〈마니에르 드 부아르〉에 이어 3번째 고급 지성지 선봬!

〈크리티크M〉의 M은 르몽드코리아 (Le Monde Korea)가 지향하는 세계(Monde)를 상징하면서도, 무크(mook)지로서의 문화예술 매거진(magazine)이 메시지(message)로 담아낼 메타포(metaphor), 근대성(modernity), 운동성(movement), 형이상학(metaphysics)을 의미합니다.

〈르몽드〉의 또다른 걸작, 계간 무크지

〈마니에르 드 부아르〉 열두 번째 이야기

한국판 여름호 『SF, 내일의 메시아』

여름호
7월 발간

이 책은 4부로 구성되어 있습니다. 1부 더욱 강해지는 디스토피아의 세계; 2부 인간 이상의 존재들; 3부 합의 속 혼란; 4부 대중서사가 된 SF. 필자로는 에블린 피에예, 피에르 랭베르, 그레그 그랜딘, 마르쿠스 베스나르, 필리프 리비에르 등이 있습니다.

LE MONDE *diplomatique*

〈르몽드 디플로마티크〉가 선택한 첫 소설 프로젝트!
미스터리 휴먼–뱀파이어 소설, 『푸른 사과의 비밀』 1권 & 2권

『푸른 사과의 비밀』
2월 발간!

권 당 정가 16,500원
1, 2권 정가 33,000원

이야기동네는 월간 〈르몽드 디플로마티크〉, 계간 〈마니에르 드 부아르〉 〈크리티크 M〉를 발행하는 르몽드코리아의 비공식 서브 브랜드입니다. 이야기동네는 도시화 및 문명의 거센 물결에 자취를 감추는 동네의 소소한 풍경과 이야기를 담아내, 독자여러분과 함께 앤티크와 레트로의 가치를 구현하려 합니다.

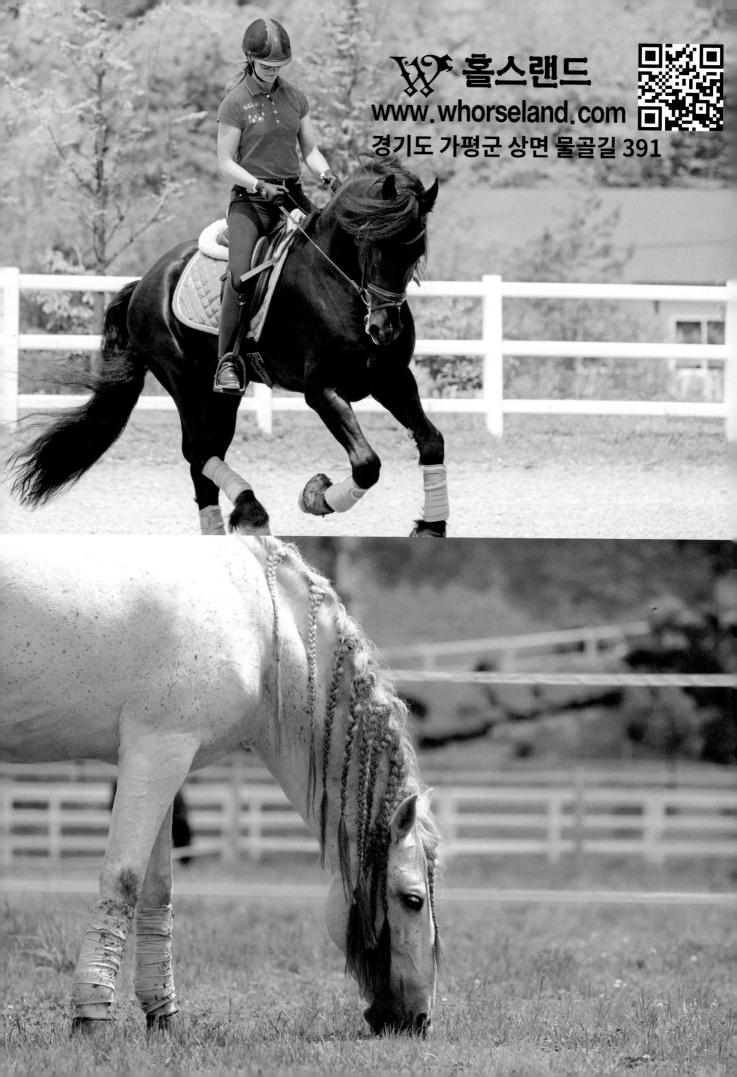